城市型大学治理体系与治理能力现代化的实现

兼评“一带一路”域外经验

CHENGSHIXING DAXUE ZHILI TIXI
YU ZHILI NENGLI XIANDAIHUA DE SHIXIAN
JIANPING “YIDAIYILU” YUWAI JINGYAN

主　编／王清远　彭晓琳　廖　峻
副主编／邓陕峡　李　勇　胡春华

项目策划：王　冰
责任编辑：王　冰
责任校对：罗永平
封面设计：墨创文化
责任印制：王　炜

图书在版编目（CIP）数据

城市型大学治理体系与治理能力现代化的实现 ：兼评“一带一路”域外经验 / 王清远，彭晓琳，廖峻主编. — 成都 ：四川大学出版社，2021.6

ISBN 978-7-5690-4762-2

Ⅰ. ①城… Ⅱ. ①王… ②彭… ③廖… Ⅲ. ①高等学校—学校管理—研究—中国 Ⅳ. ①G647

中国版本图书馆 CIP 数据核字（2021）第 110390 号

书名　城市型大学治理体系与治理能力现代化的实现
——兼评“一带一路”域外经验

主　　编　王清远　彭晓琳　廖　峻
出　　版　四川大学出版社
地　　址　成都市一环路南一段 24 号（610065）
发　　行　四川大学出版社
书　　号　ISBN 978-7-5690-4762-2
印前制作　四川胜翔数码印务设计有限公司
印　　刷　成都金龙印务有限责任公司
成品尺寸　170mm×240mm
印　　张　10.75
字　　数　178 千字
版　　次　2021 年 7 月第 1 版
印　　次　2021 年 7 月第 1 次印刷
定　　价　44.00 元

◆ 读者邮购本书，请与本社发行科联系。
电话：(028)85408408/(028)85401670/
(028)86408023　邮政编码：610065
◆ 本社图书如有印装质量问题，请寄回出版社调换。
◆ 网址：http://press.scu.edu.cn

四川大学出版社
微信公众号

前　言

在深化教育领域综合改革，加快推进教育治理体系和治理能力现代化的进程中，城市型大学如何找准自身定位，完善治理体系、提升治理能力，以获得创新发展、服务地方的可靠制度保障与持续动力支撑，这是当前城市型大学必须解答的时代课题。

党的十八届三中全会提出，全面深化改革的总目标是完善和发展中国特色社会主义制度，推进国家治理体系和治理能力现代化。在这一总目标中，大学治理体系和治理能力现代化是不可或缺的重要组成部分。与之相适应，近年来，高校办学自主权进一步扩大和落实，现代大学制度建设与时俱进，高等教育现代化改革取得一系列举世瞩目的成果。

不过，应当看到，与成熟的大学治理理论和实践相比，与高等教育现代化的总体要求相比，与推进国家治理体系和治理能力现代化的目标相比，我国的大学治理的理论和实践总体上还有待深入探索、提炼和总结，尤其是城市型大学的治理更需要坚实的理论支撑和丰富的实践经验。城市型大学诞生于我国高等教育管理体制渐进变革和高等教育职能不断分化的时期。城市型大学通常是指行政关系隶属于某座城市，办学目标和专业设置紧扣城市经济社会发展需要的地方性普通高等学校。目前，我国共有地方性普通高校 1000 余所，大多由地级市地方政府出资举办、接受省级政府和市政府双重领导，即“省市共建（管）”。与这一历史渊源相适应，城市型大学普遍形成了服务区域社会，培养专门型、应用型人才的办学模式和发展路径。如何在全面深化改革的进程中与时俱进，推进大学治理体系和治理能力现代化，通过创新发展更好地服务地方，从而实现可持续发展，已然成为城市型大学亟待解决的关键议题。

为了解决这些问题，本书试图系统梳理我国已有的大学治理体系与治理能力现代化的理论与实践，以及“一带一路”沿线国家城市型大学治理的域外经验，并将这些思想成果和实践经验聚焦于城市型大学治理这一场域，从我国城市型大学的基本情况出发，同改革开放不断深化相适应，围绕城市型大学治理的重大理论和实践问题，通过厘清治理主体、治理边界、治理权重、治理方式、治理手段、行动程序与治理文化等核心要素，探寻符合实际要求、具有城市特色、体现普遍发展规律的智识和成果，以期为城市型大学治理体系和治理能力现代化提供理论指导和学理支撑。

城市型大学治理体系与治理能力现代化既是高等教育现代化的有机组成部分，又是本书第一章所探讨的对象。本书认为，城市大学的治理体系与治理能力代应当更好地契合所在城市建设发展的内在需求，同时也会更依赖所在城市的各方面投入和支持，可以说城市大学与所在城市已经形成了一种共生共荣的关系。在这一认识前提下，本书认为城市型大学的治理体系与治理能力是一体之两面，即治理体系是治理能力的载体和依托，在相当程度上决定着治理能力；治理能力是治理体系科学性、有效性及其与治理环境互动效度的综合反映，对治理体系具有一定的反作用。整体上看，二者相互依存、互相作用，完善大学治理体系，是提升大学治理能力的根本途径；提升大学治理能力，是完善大学治理体系的目的所在。在此基础上，本书将大学治理体系和治理能力现代化归结到制度现代化和“人”的现代化。与这一认识相适应，大学治理体系现代化要求在法治化状态下进行多元合作共治，具备法治化、多元参与和回应性，要言之，即治理理念的现代化、治理结构的现代化、治理机制的现代化、治理制度的现代化。在这四重内涵的规制之下，大学的构建与运行应当以效率最大化为原则为社会提供优质的人力资源和教育服务；大学治理能力的现代化则要求大学具备对治理体系进行动态的创建、调动和调控的能力，即提升大学治理的五大能力，包括制度创新能力，理顺多元权力主体之间关系的能力，利益整合能力，调动治理主体参与治理的能力，协商治理的能力。

在前述研究的基础上，本书试图对城市型大学治理体系与治理能力的变迁与类型进行归纳总结。为此，本书整理了我国城市型大学既有的治理体系、治理结构及权力运行机制，从城市型大学与城市发展的互动关系着手，探讨和归纳了城市型大学治理的类型及其策略。在梳理治理理论发展脉络的过程中，本书发现这样一个现象：在我国推进国家治理体系和治理能力现代化的背景之下，源自西方社会的治理理论与我国大学的治理实践可能方凿圆枘。如果将这一问题置于我国城市型大学治理的语境之中，则它会更加明显——国外学者特别是发达国家大学治理研究者所关注的问题，与我国城市型大学治理体系与治理能力现代所要解决的问题并不一致。

有鉴于此，本书将目光投向了“一带一路”沿线国家的城市型大学，试图通过考察它们的治理实践而汲取有益经验。在这一部分，本书从外部治理和内部治理两个维度探讨了新加坡、马来西亚、印度、俄罗斯、波兰等国家较为典型的城市型大学治理的实践经验。我们看到：在外部治理的维度上，行之有效的做法是促进政府角色由直接控制转向宏观调控；在内部治理的维度上，“教授治学、民主管理、社会参与、依法治校”已成为共识。此外，建立、完善多元主体参与的协同治理模式，以创新为动力推动大学的转型发展是诸多大学的共同选择。

在前三章的基础上，本书探讨了城市型大学治理体系与治理能力现代化的理论体系与实现路径。

这一理论体系与实现路径是对城市型大学治理体系与治理能力现代化的现状系统总结和整体回应。目前，城市型大学治理体系与治理能力现代化的共识已经形成，依法治校稳步推进，治理体制机制不断完善，现代化治理观念明显增强。但是，同高等教育现代化的发展要求相比，同推进城市型大学治理体系和治理能力现代化目标相比，同城市型大学对自身的期待相比，城市型大学治理还存在许多不适应、不符合的问题，主要表现为：治理主体有待更加明确，治理权限有待全面厘清，治理规范有待健全完备，办学理念有待重塑更新，法治方式有待普遍适用，民主管理有待深化提高，协同创新有待实质提升，信息技术有待深度推广，评价体系有待科学改进。这些问题是城市型大学发展道路上的“拦路虎”，必须下大力气加以解决。

这一理论体系由城市型大学治理的基本要素构成，这些基本要素包括治理权限、治理主体和治理能力。在高等教育现代化的要求之下，治理权限的清晰，关键在于厘清权限、优化权能，这就要求政府以统筹协调为工作着力点，推进统筹协调的科学性、有效性；治理主体的优秀，即要有一支高素质的治理工作队伍，要做好服务型行政管理队伍、创新型学术治理队伍建设；治理能力的提升则离不开增强协同创新能力，这就要求推进高校探索机构、组织的调整创新，推动高校协同创新的共同体建设。

通过治理要素的有机组合，城市型大学治理体系方能实现城市型大学治理体系与治理能力现代化的目标，而“有机组合”必须服从这一总体要求，即以习近平新时代中国特色社会主义思想为指导，解决教育治理现代化的理论和实践问题。因此，这一总体要求包括以下五个方面：其一，坚持新时代中国特色社会主义办学方向；其二，提升一流人才培养与创新能力；其三，推进城市型大学治理的法治化；其四，推动治理方式信息化、技术化；其五，推进高校评价体系科学化。将这一总体要求落到实施层面，就形成了城市型大学治理体系与治理能力现代化的五个基本原则：坚持党对教育事业的全面领导，坚持多元主体协同治理，坚持制度创新与文化塑造相结合，坚持依法治教、依法治校，坚持从自身实际出发。

在前述理论总结的基础上，本书探讨了城市型大学治理体系与治理能力现代化的实现路径。要言之，城市型大学治理体系与治理能力现代化的实现，应当做到以下几点：其一，完善治理规范体系，推动规范全面实施；其二，健全高效实施体系，推进严格依法治校；其三，构建有力保障体系，增强全员治理意识；其四，打造严密监督体系，形成治理监督合力；其五，建设科学评价体系，发挥评价激励功能。

城市型大学治理体系与治理能力现代化是一个系统工程，是高校治理领域的一场广泛而深刻的变革。这一过程既是高校治理的现代性因素不断增加的过程，又是我们的认识不断深化、丰富的过程。在这个意义上，本书的所有认识和判断都是开放性的，有待指正的。

本书所呈现的认识和判断可以说是集体智慧的结晶：本书由成都大学王清远教授、彭晓琳教授、廖峻副教授任主编，邓陕峡教授、李勇、胡春华任副主编。王清远教授、彭晓琳教授、廖峻副教授负责全书框架设计与统筹定稿工作。其中，邓陕峡教授编写第一章，胡春华编写第二章，李勇编写第三章，廖峻副教授编写第四章，全书由廖峻副教授统稿。

2021 年 4 月 24 日

目 录

第一章　城市型大学治理体系与治理能力现代化…………………………（ 1 ）
　第一节　国家治理体系与治理能力现代化的提出和延展………………（ 1 ）
　第二节　城市大学治理体系与治理能力现代化的理论阐释…………（ 14 ）

第二章　城市型大学治理体系与治理能力的变迁和类型………………（ 25 ）
　第一节　大学治理体系与治理能力的发展变迁…………………………（ 25 ）
　第二节　城市型大学治理与城市发展的关系……………………………（ 35 ）
　第三节　大学治理体系与治理能力的类型分析…………………………（ 42 ）

第三章　“一带一路”沿线国家大学治理域外考察…………………………（ 51 ）
　第一节　“一带一路”沿线国家大学治理概述……………………………（ 51 ）
　第二节　“一带一路”代表性国家的大学治理体系比较分析………（ 57 ）
　第三节　“一带一路”代表性国家大学治理的借鉴与启示…………（102）

第四章　城市型大学治理体系与治理能力现代化的现状、理论与实现
　…………………………………………………………………………（117）
　第一节　城市型大学治理体系与治理能力现代化的现状……………（117）
　第二节　城市型大学治理的基本要素………………………………………（124）
　第三节　城市型大学治理体系与治理能力现代化的总体要求………（134）
　第四节　城市型大学治理体系与治理能力现代化的基本原则………（147）
　第五节　城市型大学治理体系与治理能力现代化的实现……………（156）

第一章　城市型大学治理体系与治理能力现代化

第一节　国家治理体系与治理能力现代化的提出和延展

一、国家治理体系与治理能力的内涵

（一）从“治理”一词说起

1. 治理的内涵及特征

“治理”一词于20世纪80年代逐渐开始流行，其最广的含义是指“协调社会生活的各种方法和途径”[①]。1995年，联合国全球治理委员会对治理的概念做了新界定，认为“治理是各种公共的或私人的个人和机构管理其共同事务的诸多方式的总和。它是相互冲突的或不同的利益得以调和并且采取联合行动的持续过程。它既包括有权迫使人们服从的正式制度和规则，也包括各种人们同意的或以为符合其利益的各种非正式的制度安排”[②]。可见，

① 安德鲁·海伍德：《政治学核心概念》，吴勇译，天津人民出版社，2008年版，第22页。

② 参见全球治理委员会：《我们的全球伙伴关系》，牛津大学出版社，1995年版，第23页；潘小娟、张辰龙：《当代西方政治学新词典》，吉林人民出版社，2001年版，第444～445页。

“治理”一词在全球化背景下得到了发展，科学技术的发展为其提供技术性基础，国际组织的发展为其奠定了制度性基础，全球性价值共识的构建是其观念性基础，这些因素的共同作用，使得“治理”的概念向“全球治理”概念转变。

围绕“治理”一词的内涵与外延，学者们展开了研究。英国学者罗兹从治理的主体角度概括了治理的六种用法，即作为国家的管理活动的治理、作为公司管理的治理、作为新公共管理的治理、作为善治的治理、作为社会控制体系的治理和作为自组织网络的治理。英国学者格里·斯托克提出从五个维度来理解治理，由于现代国家的治理主体主要是政府，此外还包括各种公共的和私人的机构，所以，国家会将其独立承担的责任一部分转移给各种私人部门和社会团体，那么在寻求社会和经济问题解决方案的过程中存在界限和责任之间的模糊性，各个社会公共机构之间就存在权力依赖，在治理的领域中，为更好地对公共事务进行控制和引导，必然会发展出多元的方法和技术。①

为了更好把握“治理”这一概念的特征，学者们往往会将其与“管理”或“统治”等概念相比较，从主体、范围、方式等方面分析治理的特征，②并形成了以下结论。

一是治理的参与者具有多元化的特征。除了国家机关以及法定机关授权的社会组织，治理主体还包括各种非政府组织、非营利的经济组织和公民个人等其他主体，都可直接或间接地参与到公共事务的治理过程中。

二是治理的范围更为广泛，只要涉及公共事务，超出私人或个人自治领域之外的，都可纳入治理的范围。

三是治理中的权力运行向度是多元的、互动的。治理意味着办好事情的能力，并不限于政府权力，也不限于政府发号施令或运用权威。参与治理的主体间行为关系更为复杂，既包括政府治理模式下的科层制关系，还包括市场治理模式下的交易契约关系，以及社群治理模式下的合作伙伴关系。所

---

① 参见格里·斯托克：《作为理论的治理：五个论点》，华夏风译，载于《国际社会科学杂志（中文版）》，1999 年第 1 期，第 20～25 页。

② 参见李龙：《国家治理与人权保障》，武汉大学出版社，2017 年版，第 24 页；虞崇胜、唐皇凤：《第五个现代化：国家治理体系和治理能力现代化》，湖北人民出版社，2015 年版，第 2 页。

以，传统的自上而下单一向度的管理已无法适应现代社会的发展需要，更需要治理参与主体间进行上下左右良性互动的合作与协商，这使得治理中权力运行向度呈现出多元、互动的特点。

四是治理所运用的方式具有综合性特征。治理的范围非常广泛，要处理的公共事务更为复杂多样，为了使相互冲突的或不同的利益得以调和，首先要有一套完备的规则制度体系作为支撑，同时能够通过科学的方式和运行机制确保该套规则制度体系得以有效执行。因此，治理方式也应当是多样的，包括法治、德治、自治和共治，即不仅要运用刚性手段和方法，实现依法治理，还需要运用柔性手段和方式，通过公民个人自治和社会共治共同推动治理目标的实现。

2. 治理外延的探析

根据治理的主导力量与治理领域的不同，有学者将治理划分为政府治理、市场治理和社会治理三种主要类型，并从主体、对象、方式、价值取向以及成效等不同角度来解读治理的外延。

比如，有学者将政府治理、市场治理和社会治理的对象分别界定为“公共事务和官员”“经济事务”和“社会事务”，治理对象的差异决定了价值取向的不同。把政府治理的价值取向界定为“公平正义、限制权力”，把市场治理的价值取向界定为“公平交易、秩序”，把社会治理的价值取向界定为“维护秩序、保障人权”。相应的治理方式也不同，政府治理运用的方式主要是“法治”，市场治理运用的方式为“规制、保障”，社会治理运用的方式主要为“法治、自治”。在衡量治理成效的指标设定中，以其能否实现“合理、高效和廉洁”作为政府治理成效的主要考核标准，以其能否实现“正当竞争、反垄断”作为市场治理成效的考核标准，以其能否实现“社会和谐”作为社会治理成效的考核标准。

可见，不同力量主导的治理类型因其治理领域和对象的不同，其治理的价值取向有所差异，所运用的治理方式也有所区别，判断治理成效的标准也就不同。要深入理解治理的外延，就需要对不同类型的治理存在的差异进行分析和解读。

（二）国家治理的内涵解读

在政治学领域中，“治理”这一概念通常是指政府如何运用国家权力（治权）来管理国家和社会，以及通过某些途径调节政府行为的机制。相对于国家政治基本制度安排而言，“国家治理”这一概念更关注的是国家在基本权力安排既定的情况下，如何使国家权力运行合法、顺畅、高效与得到社会认同的问题。[①] 可见，国家治理是以完善的制度体系为基础，但更加关注制度的执行力。所以，讨论国家治理就要抓住两个关键，一是国家制度体系，二是制度的执行能力，两者相辅相成。而国家治理体系与治理能力是一个国家制度和制度执行力的集中体现。要深入理解国家治理的内涵，就有必要从国家治理体系和治理能力两个方面进行深入探讨。

1. 国家治理体系

关于国家治理体系的理解，学界尚未形成通说，学者们从不同角度对其做了不同解读。

有的学者着眼于国家治理的具体领域，将国家治理体系分解为五个子体系，即经济治理、政治治理、文化治理、社会治理和生态治理。有的学者从理念、制度、组织和方式这四个层面，将国家治理体系界定为由政治权力系统、社会组织系统、市场经济系统、宪法法律系统、思想文化系统等构成的一个有机整体。[②]

也有学者提出，上述这种根据治理领域对国家治理体系所做的条块化解读无法从根本上建构起系统的、整体的、协同的国家治理格局。[③] 有学者提出国家治理体系是规范社会权力运行和维护公共秩序的一系列制度和程

---

① 虞崇胜、唐皇凤：《第五个现代化：国家治理体系和治理能力现代化》，湖北人民出版社，2015 年版，第 2 页。

② 参见许耀桐、刘祺：《当代中国国家治理体系分析》，载于《理论探索》，2014 年第 1 期，第 10～14 页。

③ 参见陶希东：《国家治理体系应包括五大基本内容》，载于《学习时报》，2013 年 12 月 30 日。

序，[①] 它是一个有机的、协调的、动态的和整体的制度运行系统。[②] 有学者从国家治理体系的系统性、整体性和协同性的特点出发，根据宏观、中观和微观的划分，将国家治理体系概括为理念、制度和行动三个层次，从而形成了以价值形塑制度，以制度督导行动，以行动彰显价值的一个循环往复相互回应的闭合系统。[③]

还有学者认为应当从全球治理思想精髓、发达国家治理实践和我国国情结合的视角来剖析国家治理体系，提出国家治理体系包括治理结构体系、治理功能体系、治理制度体系、治理方法体系和治理运行体系。[④] 该学者认为，国家治理结构体系解决的是治理主体与治理主体间关系这两大问题，提出我国的治理结构体系是“党、政、企、社、民、媒”六位一体。国家治理功能体系解决的是治理体系要发挥何种作用，围绕着治理目的的实现，国家治理至少应当包括动员、组织、监管、服务、配置这五大功能。国家治理制度体系解决的是如何保障治理结构有效运转的问题，制度体系至少应当涵盖法制、激励和协作三大基本制度。国家治理方法体系解决的是具体靠何种手段进行治理的问题。国家治理作为一个综合系统，需要多元方法协同使用，主要涉及法律、行政、经济、道德、教育、协商这六大方法。国家治理运行体系解决的是采取何种方式与何种路径运转的问题。国家治理参与主体的多元和治理范围的广泛决定了运行体系的多向度互动，即自上而下、自下而上以及横向互动这三大方式的综合。

此外，还有些学者从量化角度来剖析国家治理体系的运行，制定了国家治理指数的指标体系。他们认为，有三大支柱支撑国家治理指数指标体系，即基础、价值和可持续性。首先，国家治理需要某些基础性条件作为保障，基础条件在很大程度上属于一种评价政府能力乃至国家能力的尺度，同时又

---

① 参见俞可平：《推进国家治理体系和治理能力现代化》，载于《前线》，2014 年第 1 期，第 5～8 页。

② 参见俞可平：《衡量国家治理体系现代化的基本标准——关于推进“国家治理体系和治理能力的现代化”的思考》，载于《北京日报》，2013 年 12 月 9 日。

③ 参见郑吉峰：《国家治理体系的基本结构与层次》，载于《重庆社会科学》，2014 年第 4 期，第 18～25 页。

④ 参见陶希东：《国家治理体系应包括五大基本内容》，载于《学习时报》，2013 年 12 月 30 日。

是进一步提升国家治理水平的基石。具体而言，基础包括三个要素：一是设施，它保证人与人、人与物之间的一种临近性和便利性；二是秩序，它可以保障人和设施的运行良好；三是服务，它是能够提升生活质量的公共产品。[①] 其次，国家治理从本质上说是为了全体公众，因而国家治理的三大终极性价值目标是公开、公平与公正。公开体现的是国家治理的透明性，是实现公平公正的基础。公平更偏向于体现国家治理的平等性，强调缩小人与人之间的差异；公正体现了国家治理的正义性。[②] 最后，持续性涵盖了效能、环保和创新。

通过上述分析可知，对国家治理体系的把握是一个从静态到动态、从局部到整体、从表层到深层的过程。从静态层面而言，国家治理体系是一系列制度规则的综合体；从动态层面而言，国家治理体系是各治理主体围绕各类公共事务推进的交互发展过程。每个领域的治理体系综合起来就构成了国家治理体系。对各个领域的治理体系进行抽象和概括可得出，国家治理体系至少包含三个层面的要素：一是以治理价值为深层要素，它决定了治理功能和目标的设定，是国家治理体系构建的起点，也是衡量或评估国家治理效果的依循；二是以治理中的权力资源配置和运行为核心要素，它决定了治理主体间的权力结构和权力关系，也决定了各治理行为的边界；三是以治理中的制度规则体系为表征要素，它通过一系列的制度规则和程序来明确各个治理主体的权责和行为方式。

2. 国家治理能力

任何国家治理体系的运作最终都要归结到人的层面，人的发展是制度运作的目的和归宿，人的思维模式和行为模式直接影响治理制度和治理体系的功能发挥。所以，从国家治理的成效来讲，除了要有一套科学完备的国家治理体系，还要有能将这套治理体系付诸实现的能力。因此，谈国家治理绕不开国家治理能力，否则就是空谈。

那么，何为国家治理能力呢？国内外学者对此做了大量解读。有学者提

① 参见高奇琦、阙天舒、游腾飞：《“互联网+”政治——大数据时代的国家治理》，上海人民出版社，2017年版，第231页。

② 高奇琦、阙天舒、游腾飞：《“互联网+”政治——大数据时代的国家治理》，上海人民出版社，2017年版，第232～233页。

出，国家治理能力是指国家治理主体按照既定的国家目标、计划和政策，采取一系列有效措施，对社会公共事务进行有效改造并实现目标的能力。[①] 有学者将国家治理能力视作治理主体的一种资格、水平和能力，主要围绕着国家治理体系如何综合协调、分工合作、发挥作用、体现价值和实现目标而展开。[②] 还有学者认为，国家治理能力就是国家有效运用相关制度管理社会公共事务，使之相互协调、相互促进、共同发展的能力。[③]

从上述各位学者的界定来看，国家治理能力这一概念主要着眼于治理主体所具备的某种素质和执行力，其内涵与外延受制于对国家治理概念的界定，并呈现出如下特征：

一是国家治理能力与国家能力通常联系在一起。政治学领域中，国家能力是指国家将自己的意志、目标转化为现实的能力。国家能力是个总概念，包括汲取能力、调控能力、合法化能力、强制能力、监管能力、整合能力和分配能力。而国家治理能力强调运用国家制度管理社会的能力，更为侧重制度执行力。具体体现为国家统筹各个领域治理主体，处理各种主体关系，实现经济社会发展进步的水平和质量。[④]

二是国家治理能力是参与国家治理各主体能力的综合体现，其内核是围绕国家治理体系的有效运转展开。由于国家治理的参与主体具有多元化特征，所以国家治理能力是多元主体治理能力的综合体，主要涉及治理者本身意识、素质和水平等方面。国家治理能力至少包括执政党的执政能力、国家机构的履职能力、社会民众的参与能力[⑤]这三方面，其中执政党的执政能力决定了国家治理顶层设计的科学性、民主性与合法性，国家机构的履职能力决定了社会各项事务治理的规范化、程序化和实效性，社会民众的参与能力决定了国家治理能否在良性轨道上可持续发展。

---

① 参见乔尔·S. 米格代尔：《社会中的国家：国家与社会如何相互改变与相互构成》，李杨、郭一聪译，江苏人民出版社，2013 年版，第 32 页。

② 参见应松年：《加快法治建设　促进国家治理体系和治理能力现代化》，载于《中国法学》，2014 年第 6 期，第 44～55 页。

③ 虞崇胜、唐皇凤：《第五个现代化：国家治理体系和治理能力现代化》，湖北人民出版社，2015 年版，第 124 页。

④ 虞崇胜、唐皇凤：《第五个现代化：国家治理体系和治理能力现代化》，湖北人民出版社，2015 年版，第 125 页。

⑤ 具体是指社会民众依法参与管理国家事务、经济社会文化事务和自身事务的能力。

三是国家治理能力需要一定条件的支撑，是一个动态发展的过程。国家治理能力是参与国家治理各主体能力的综合体现，它受到治理主体本身的认知、意识、思维的影响，与此同时又受到社会治理生态环境的影响。因此，要提升国家治理能力，既要重视参与国家治理各个主体自身素质能力的提高，又要营造一种良好的社会治理生态环境。[①] 一方面，各个治理参与者自身素质能力的好坏直接影响社会治理生态环境的构建；另一方面，社会治理生态环境越公正清明，治理能力就越能体现出公平、正义、秩序性，而社会治理生态环境越恶化，治理能力就越会朝着僵化、呆板、机械的方向发展。[②] 要营造良好的社会治理生态环境还需要从两方面入手，一方面要加强国家治理的基础条件建设，包括提供良好的基础设施，保证人与人、人与物之间的一种临近性和便利性，构建稳定的社会秩序，保障人和设施的良好运行，加强社会公共服务，提供提升生活质量的公共产品。另一方面，将公开、公平与公正的价值目标贯穿在国家治理过程中，确保公开透明，缩小人与人之间的差距，实现国家治理的公平公正。

3. 两者的关系

国家治理体系和国家治理能力是相辅相成的有机统一体，是国家治理的“一体两面”，是国家制度体系和制度执行力的集中体现，国家治理的实现需要通过这两个层面上的相互协作配合来完成。一方面，国家治理体系的构建与完善是发挥国家治理能力的前提和基础，有了好的国家治理体系才能提高治理能力，国家治理体系的科学性、可行性和可操作性影响着治理能力的发挥；另一方面，国家治理能力是国家治理体系发挥效能的关键要素和主要驱动力。国家治理能力是国家治理理念、方式最直接的表达，国家治理体系的功能和作用是通过国家治理能力来实现的。否则，再完美的治理体系也只停留在纸面上或脑海里。总之，国家治理体系和国家治理能力的完善共同推动国家治理的现代化，两者在国家治理的实践中不断得到完善和提升。

---

① 社会治理生态环境包括政治生态、社会生态、民众生态。

② 马彦涛：《中国国家治理能力的哲学研究》，中共中央党校博士学位论文，2018 年，第 185 页。

二、国家治理体系与治理能力现代化的解读

（一）国家治理体系与治理能力现代化的提出

1. 国家治理体系与治理能力现代化的首次提出

2013年，党的十八届三中全会审议通过的《中共中央关于全面深化改革若干重大问题的决定》明确提出，全面深化改革的总目标是完善和发展中国特色社会主义制度，推进国家治理体系和治理能力现代化。① 这是中国共产党首次将国家治理体系和治理能力现代化作为全面深化改革的总目标，也是中国共产党首次将完善和发展中国特色社会主义制度与推进国家治理体系和治理能力现代化联系起来，不仅对全面深化改革具有直接指导意义，而且对坚持和发展中国特色社会主义、实现社会主义现代化具有重要的理论价值和实践意义。

国家治理体系与治理能力现代化就是要使国家治理体系制度化、科学化、规范化、程序化，使国家治理者善于运用法治思维和法治方法治理国家，将中国特色社会主义各方面的制度优势转化为治理国家的效能。② 习近平总书记深刻指出，国家治理体系和治理能力是一个国家的制度和制度执行能力的集中体现，两者相辅相成。只有首先建立健全一套完整、合法、有效的国家治理体系，才能孕育出高水平的治理能力，只有治理能力不断提升才能充分发挥国家治理体系的效能。

2. 国家治理体系和治理能力与法治的关系

2014年，党的十八届四中全会提出，“依法治国，是坚持和发展中国特色社会主义的本质要求和重要保障，是实现国家治理体系和治理能力现代化的必然要求，事关我们党执政兴国，事关人民幸福安康，事关党和国家长治久安”。国家治理现代化的过程本身就是法治化的过程，推进国家治理体系与治理能力现代化就是要完善以宪法为统领的中国特色社会主义法律体系，

---

① 见《中共中央关于全面深化改革若干重大问题的决定》（2013年11月12日通过）。

② 宋建钢：《思考与借鉴》，宁夏人民出版社，2016年版，第97页。

将三个“共同推进”和三个“一体化建设”有机结合起来，把国家各项事业和各项工作纳入法治轨道，建设社会主义法治国家。党的十八届四中全会提出全面推进依法治国的总目标，与十八届三中全会提出的全面深化改革总目标是具有内在联系和相互衔接的，加快建设社会主义法治国家本身就是全面深化改革的重要内容，而依法治国的全面推进必将使中国特色社会主义制度更加完善、更加有效地推进国家治理体系和治理能力现代化。[①] 所以，从某种意义上讲，依法治国既是国家治理体系和治理能力现代化的核心，也是推进国家治理体系和治理能力现代化的基本方式与要求，更是国家治理体系和治理能力现代化的基石。

3. 国家治理体系与治理能力现代化的进一步发展

党的十九大就制度建设和治理能力建设提出的目标是：到 2035 年，“各方面制度更加完善，国家治理体系和治理能力现代化基本实现”；到 21 世纪中叶，“实现国家治理体系和治理能力现代化”。党的十九届二中、三中全会分别就修改宪法和深化党和国家机构改革做出部署，在制度建设和治理能力建设上迈出了新的重大步伐。党的十九届三中全会指出：“我们党要更好领导人民进行伟大斗争、建设伟大工程、推进伟大事业、实现伟大梦想，必须加快推进国家治理体系和治理能力现代化，努力形成更加成熟更加定型的中国特色社会主义制度。这是摆在我们党面前的一项重大任务。”

2019 年，党的十九届四中全会审议通过了《中共中央关于坚持和完善中国特色社会主义制度、推进国家治理体系和治理能力现代化若干重大问题的决定》，这是完善和发展中国特色社会主义制度和国家治理体系的纲领性文件，紧扣“坚持和完善中国特色社会主义制度、推进国家治理体系和治理能力现代化”，全面总结党领导人民在我国国家制度建设和国家治理方面取得的成就、积累的经验、形成的原则，重点阐述坚持和完善支撑中国特色社会主义制度的根本制度、基本制度、重要制度，部署需要深化的重大体制机制改革、需要推进的重点工作任务。

---

① 宋建钢：《思考与借鉴》，宁夏人民出版社，2016 年版，第 14 页。

（二）国家治理体系与治理能力现代化的内涵

国家治理的现代化将是一场深刻的制度变革和治理变革。对我国而言，国家治理体系和治理能力现代化是继“四个现代化”之后的第五个现代化，它要求国家治理体系和国家治理能力适应现代社会发展要求的进化过程。对于这项崭新的课题，学界进行了不同角度的研究和探讨。

1. 国家治理体系与治理能力现代化的含义探析

关于“国家治理体系与治理能力现代化”含义的探析，有的学者从整体上做解读，有的学者分别对“国家治理体系现代化”与“国家治理能力现代化”这两个层次的含义做解读。

有学者提出，现代化是一个对以往的继承、发展和提升的概念，是一个动态的观念，而国家治理体系与治理能力现代化蕴含了丰富的有机性、配合性和合力性。① 有学者认为，在推进国家治理体系和治理能力现代化的现实语境中，现代化的内涵主要是指技术现代化与人的现代化的有机结合，价值理念和制度机制的同步现代化。其中，技术的现代化表征是制度、方法、手段等的创新与发展，人的现代化则是人的价值理念、思想境界、行为能力、技术手段等的提升与进步。推进国家治理体系与治理能力现代化，就是要促进治理手段、治理技术的现代化与人的现代化之间的良性循环。②

有学者认为，国家治理体系是一个由多个子体系构成的有机整体，各子体系的调整与内容变动决定了治理体系功能的发挥，也影响了治理体系的现代化程度。③ 有学者提出，国家治理体系现代化是一个传统治理体系向现代转型的历史进程，其关键在于制度体系的现代化，即构建系统完备、科学规范、运行有效的制度体系。④

---

① 黄建钢：《概念辨析：国家治理体系和治理能力现代化》，载于杨海蛟、程竹汝：《国家治理现代化丛论》，上海人民出版社，2017 年版，第 123 页。

② 王升平：《内涵、作用逻辑、路径：政治哲学视域中的国家治理体系与治理能力现代化论析》，载于《广东行政学院学报》，2015 年第 1 期，第 36 页。

③ 王升平：《内涵、作用逻辑、路径：政治哲学视域中的国家治理体系与治理能力现代化论析》，载于《广东行政学院学报》，2015 年第 1 期，第 37 页。

④ 刘建军：《体系与能力：国家治理现代化的二重维度》，载于《行政论坛》，2020 年第 4 期，第 25 页。

有学者从国家能力入手分析国家治理能力，认为国家治理能力是国家权力的实践状态，分为国际和国内两个层面的治理能力，国家治理能力不仅对制度设计的要求比较高，还显示出对专业知识和专业精英的高度依赖。① 还有学者提出，治理能力的现代化是一个随着社会需求、治理环境的变化而不断调整的动态过程，公民认同原则和环境适应原则是衡量治理能力现代化的两个不可或缺的原则。② 推进国家治理能力建设，有学者提出要提升七种能力，即战略规划能力、执行能力、发展能力、分配能力、保障能力、统筹能力和参与全球治理能力。

可见，“国家治理体系与治理能力现代化”是从体系和能力两个维度提出的，可进一步推动国家治理现代化的理论研究和实践探索向前发展。两者共同构成了国家治理现代化的核心内容。

2. 国家治理体系与治理能力现代化的衡量标准

自我国提出国家治理体系与治理能力现代化的改革目标后，学者们对国家治理现代化的衡量标准展开了探讨。

有的学者根据现代化带来的经济社会变迁提出了 11 项标准，并认为民主化、法治化、制度化和多元化是国家治理方面的要求。有学者提出了 4 项标准，即适应经济社会发展、发展人民民主、坚持依法治国和体现成本收益。有学者认为，现代国家治理是一个复杂的治理过程，在确定衡量现代化标准体系时应当坚持国际化和本土化相结合的原则，围绕现代国家制度的构建与执行，提出了民主化、法治化、制度化、科学化、效能化和公平化这 6 项标准。③ 也有学者从体系和能力两个维度来分析治理现代化的衡量标准，认为从体系维度来看，应当从目标体系全面化、组织体系协同化、制度体系规范化、政策体系民主化、方略体系科学化和运行体系法治化来考察；从能力维度来看，应当从高绩效的治理目标实现度、高标准的治理环境适应度、高质量的治理资源整合度、高品质的社会需求满足度、高水平的社会公示凝

---

① 刘建军：《体系与能力：国家治理现代化的二重维度》，载于《行政论坛》，2020 年第 4 期，第 28 页。

② 王升平：《内涵、作用逻辑、路径：政治哲学视域中的国家治理体系与治理能力现代化论析》，载于《广东行政学院学报》，2015 年第 1 期，第 37 页。

③ 虞崇胜、唐皇凤：《第五个现代化：国家治理体系和治理能力现代化》，湖北人民出版社，2015 年版，第 3～6 页。

聚度来考察。[①]

（三）推进国家治理体系与治理能力现代化的价值意义

推进国家治理体系与治理能力现代化具有重要理论价值和实践意义，具体体现为以下三点。

1. 有利于构建起完备的治理体系和全面提升国家治理能力

推进国家治理体系与治理能力现代化就是要适应时代的发展变化，改革无法再适应社会发展新要求的制度、体制和机制，不断构建新的制度、体制和机制，不断提升执政党的执政能力、国家机构的履职能力和社会民众的参与管理与自我管理能力，实现治理体系的良性运行，实现治理参与者之间的良性互动。这个过程中，既要借鉴人类社会中积累下来的有关国家治理的文明成果，又要立足本土资源和实际，努力让各方面的制度、机制更为科学、完善，构建起适合国情、社情和民情的完备而科学的治理体系，还要不断加强治理主体与客体间相互协作的能力，确保国家治理体系的有效运转。

2. 有利于丰富社会主义现代化和国家治理现代化的科学内涵

首先，国家治理体系与治理能力现代化是从制度层面提出的现代化目标，丰富和深化了我国社会主义现代化的目标体系，这是继“四个现代化”之后的第五个现代化，更加注重国家软实力的发展，只有将国家治理现代化纳入现代化的范畴，现代化的科学内涵才算完整。其次，现代国家治理与传统管理不同，它强调治理主体的多元参与，强调遵循市场规律前提下的政府、市场、社会之间的协商与互动，体现的是一种交互联动与合作共赢理念，是对国家治理体系与治理能力的探索，是对国家治理现代化内涵的不断丰富与发展，有助于营造公平的社会环境，发掘治理主体的主体性，让社会保持动态平衡发展状态。

3. 有利于将国家制度优势转化为治理效能

党的领导是中国特色社会主义制度的核心。推进国家治理现代化就是要充分发挥中国特色社会主义制度的优越性，将各方面的制度优势更好地转化

---

① 吕朝辉：《地方治理现代化的衡量标准——基于体系与能力的关系视角》，载于《求索》，2020 年第 3 期，第 191～193 页。

为管理国家的效能。

第二节 城市大学治理体系与治理能力现代化的理论阐释

要研究城市大学治理体系与治理能力现代化，首先需要对大学治理体系与治理能力现代化进行一个全面的认知和把握。

一、大学治理体系与治理能力现代化的解读

（一）大学治理的含义

随着高等教育的大力发展和经济社会环境的重大变化，传统的管理方式日渐衰落。《国家中长期教育改革和发展规划纲要（2010—2020年）》（以下简称《教育规划纲要》）中明确提出“建立现代大学制度”。关于现代大学制度并没有一个特别明确的定义，比较有代表性的学说有大学行为能力说、主体权利义务关系说、大学内外部关系体系说。比如，大学内外部关系体系说认为，现代大学制度构架包括宏观和微观两个层面，前者涉及规范和理顺大学与政府、社会等外部关系，后者涉及大学内部治理结构的完善和改革。也有研究者从大学职能出发，提出现代大学制度是一个动态变化的制度体系，反映了现代大学的共性，是对现代大学的办学理念、精神实质、价值取向以及各要素之间的关系等的高度概括。①

在探讨现代大学制度建立过程中，有研究者将治理这一概念引入高等教育领域，提出了现代大学制度建立需要实现从“大学管理”向“大学治理”的转变。在我国，大学治理的研究始于21世纪初，学界关于大学治理的探讨主要从宏观、中观两个层面展开，围绕着“何谓大学治理”“治理什么”“如何治理”等问题，研究内容涉及大学治理的含义、治理结构、治理模式

① 参见张天兴：《高校现代化治理与运行机制研究》，河北人民出版社，2016年版，第31页。

等。[①] 其中，治理结构主要涉及大学内部主体间的权力关系，治理模式主要涉及对国内外已有模式的分析与总结。[②]

关于大学治理的界定，研究者们从不同角度进行了界定，有研究者从大学内部权力角度出发，提出大学治理就是平衡两种权力——学校行政机构拥有的法定行政权力和以专业性质为基础的教师权力——的结构和过程。也有研究者从利益相关者理论角度出发，认为大学治理是一种权力配置的制度规定，是高校内外利益相关者在参与学校重大事务决策时所应拥有的权力范围和组织结构安排。还有研究者从治理过程的角度出发，认为大学治理是政府、学校和社会在参与学校事务时运用民主的管理方式来相互协调和互动的过程，着重强调外部关系的协调和权力运行规范。[③] 可见，大学治理就是各利益相关者参与大学重大事务的决策机制和过程。[④]

与大学管理相比，大学治理具有如下特点：一是大学治理的主体具有多元化的特征，即大学治理主体包含大学内、外部所有的利益相关者，而不仅仅限于管理者，尤其凸显大学内部教师和学生的权利主体地位；二是大学治理的范围更为宽泛，涉及大学建设和发展的方方面面；三是大学治理的权力运行向度是多元、互动的。由于大学治理的根本目的是协同大学各利益相关者的诉求，使其权责利达到平衡，从而实现大学的均衡发展，这种公共利益最大化的价值取向决定了治理理念上崇尚协商、平等和共享参与，会更多运用对话、协商、谈判、激励等治理方法。

总之，治理理念的运用极大丰富了现代大学制度的内涵，弥补了原有的大学管理模式的不足，凸显了教师、学生的主体地位，兼顾了各利益相关者的权益，建立起了更加以人为本的多元主体共同参与治理的新局面。

---

① 参见孟亚：《国内高校治理研究状况评析》，载于《教育评论》，2014 年第 5 期，第 9～11 页；高伟、李静静：《高校治理研究综述》，载于《经济师》，2012 年第 2 期，第 100～101 页。

② 参见高伟、李静静：《高校治理研究综述》，载于《经济师》，2012 年第 2 期，第 100～101 页。

③ 参见朱朝艳：《从“管理”到“治理”——高校治理体系的构建》，沈阳师范大学硕士学位论文，2016 年，第 4 页。

④ 李维安、王世权：《大学治理》，机械工业出版社，2013 年版，第 9 页。

（二）大学治理体系与治理能力的内涵

正如本章第一部分所讨论的，治理体系与治理能力是治理中最核心的两个要素。大学的治理就是要从治理体系与治理能力这两方面入手，实现大学治理现代化。

1. 大学治理体系

关于大学治理体系有不同的界定，有的研究者认为大学治理体系是一套治理大学的综合性的制度及方法体系，包括大学治理的体制机制、规章制度等。有的认为大学治理体系是大学将其意志、目标转化为现实过程所运用的综合性的制度及方法体系，包括大学治理的体制、机制和规章制度安排。① 笔者认为，对大学治理体系的把握应当是一个从静态到动态、从局部到整体、从表层到深层的过程。大学治理体系至少包含三层要素，即以治理价值为深层要素，以权力资源配置和运行为核心要素，以治理中的体制、机制和规章制度为表征要素。

为了更好地理解大学治理体系，有研究者从大学治理的参与主体和大学的职能出发，将大学治理体系划分为四个子体系，即大学行政治理体系、大学学术治理体系、大学学生治理体系和第三方治理体系。② 其中，大学行政治理体系主要涉及大学系统内部行政权力划分、行政机构设置以及运行中各种关系和制度的总和；大学学术治理体系包括学术治理的架构与学术治理机制，通过对学术权力划分、学术治理机制构建来促进大学学术发展；大学学生治理体系是系统内部对学生进行管理和服务的系列组织和制度安排；第三方治理体系是大学内部系统中处理与外部系统，包括政府、社会、企业、个人等各项事务的系列制度安排。这一划分是从整体出发，以内部治理为主，兼顾外部关系的一种探讨。

2. 大学治理能力

大学治理体系的运行状况受到治理主体思维方式与行为方式的影响，在

---

① 参见余华：《高校治理体系完善与治理能力提升探析》，载于《湖南师范大学教育科学学报》，2015 年第 3 期，第 58 页。

② 参见余华：《高校治理体系完善与治理能力提升探析》，载于《湖南师范大学教育科学学报》，2015 年第 3 期，第 58～59 页。

讨论大学治理时必然会关注大学治理能力这一议题。有研究者认为大学治理能力是高校运用各种手段和方法平衡诸多利益主体利益的能力，并指出，大学治理能力是各个治理主体较为复杂的资源配置和利益筛选过程，有其具体的内涵和功能。[①] 从外在表现来看，有大学治理的合力、动力和阻力之分，提升治理能力，就是要增强动力，形成强大合力，减少阻力。从权力资源配置来看，涉及行政权力与学术权力的博弈，大学与学生的协调，大学与社会的互动，大学与政府的配合与支持。从功能表现来看，一方面，大学治理能力是通过理顺学校内部系统各部门之间的关系，实现大学治理体系的高效高质的运行；另一方面是通过处理好大学与社会、政府之间的关系，创造大学发展空间和条件，提升大学发展质量。还有研究者认为，大学治理能力是制度、政策的创制与输出能力以及大学内部治理、调控的功能强度、营运状况和实际绩效。[②] 鉴于大学治理就是要调整多元治理主体之间的关系，在平等协商和共治中实现利益共赢，也有研究者提出大学治理能力就是服务内外部治理的能力支撑，主要包括五方面的能力：[③]

一是制度创新的能力。在大学治理的语境下，制度创新的能力是指通过对法律、政策、体制机制等内容进行升级，为大学治理提供适合自身发展规律及时代要求的制度供给的能力，即对大学管理制度进行变革的能力。

二是执行大学章程的能力。大学章程是大学治理的基本依据，除了规定学校的教育形式和功能外，更重要的是大学章程对大学内部管理体制和运行机制以及多重权力主体之间的责权利做明确规定，所以执行大学章程的能力实质上是要理顺多元主体权力之间关系的能力。

三是利益整合的能力。在大学治理中，既要平衡行政权力、学术权力、民主权利等多元权力（利）背后所代表的利益需要，还要整合自主办学权与国家对高等教育的调控权力之间的利益关系。

四是调动参与的能力。由于高校治理是一个多元主体参与的过程，要实

---

① 参见余华：《高校治理体系完善与治理能力提升探析》，载于《湖南师范大学教育科学学报》，2015 年第 3 期，第 59 页。

② 参见秦德君、陈雪虹、陈蔚：《推进我国高校治理能力现代化的若干思考》，载于《东华大学学报》（社会科学版），2014 年第 2 期，第 53～57 页。

③ 参见范斌、郭蕊：《高校治理能力现代化——内容与推进路径》，载于《黑龙江高教研究》，2017 年第 8 期，第 42～44 页。

现治理目标就必须有能力调动这些主体的参与的主动性和责任感，才能实现治理的合力。

五是协商治理的能力。在多元共治模式下的重大问题决策中，通过理性对话、换位思考调动更多主体参与决策，增强其对决策的认同感和支持度，这就是一种典型的协商治理。

3. 两者关系

大学治理体系和治理能力是大学治理的“一体两面”。大学治理体系是大学治理能力的基础和载体，大学治理能力是大学治理体系释放出的作用和效能。[①] 一方面，大学治理体系的建立和完善可以促进大学治理能力的提升。另一方面，大学治理能力的提升可以促进大学治理体系的健全。

（三）大学治理体系与治理能力现代化的含义

党的十八届三中全会提出推进国家治理体系和治理能力现代化，体现在高等教育领域，即为大学治理体系和治理能力现代化。大学治理体系和治理能力现代化是通过制度现代化和“人”的现代化来实现的。

1. 大学治理体系现代化的含义

大学治理体系现代化要求在法治化状态下进行多元合作共治，具备法治化、多元参与和回应性，至少包含四方面的现代化。

一是治理理念的现代化。大学治理理念是大学治理过程中所秉承或信奉的观念。大学治理体系的现代化必然需要现代化的治理理念予以统合。有研究者提出，“共治、法治、善治”是大学治理体系现代化应当遵循的价值理念。其中，共治强调多元参与者在大学治理中的配合与协作，法治凸显了大学治理现代化在制度保障上的根本要求，善治体现的是大学治理的境界，反映了社会对大学以及大学自身对治理体系构建的诉求和呼应。[②]

二是治理结构的现代化。大学治理结构主要涉及利益主体的权力配置，包括内部治理结构与外部治理结构。其中，内部治理结构的现代化是指大学

---

① 余华：《高校治理体系完善与治理能力提升探析》，载于《湖南师范大学教育科学学报》，2015 年第 3 期，第 59 页。

② 参见张继延、陆先亮：《大学内部治理体系现代化：理念、路径及内容》，载于《江苏高教》，2017 年第 11 期，第 41～42 页。

与院系、教职员工与学生、行政权力与学术权力之间的责权利范围明晰，各主体在既定的制度框架下形成良性互动的关系，兼顾公平和效率。外部治理结构的现代化主要是指理顺大学与政府之间、大学与其他投资主体之间的关系，两者能够在互惠互利中共同提升，而非简单的依附和丧失应有的独立性，即大学既能服务社会发展又能遵循高等教育规律，重视自身的发展。

三是治理机制的现代化。大学治理机制受到治理结构的规定，包含内部治理机制与外部治理机制两大部分。内部治理机制的现代化指通过内部管理机构的合理设置以及运用适当方式激发各个治理参与主体的活力，实现行政管理向服务型转变，学生工作向创新型发展，院系间开展良性竞争与合作，激发大学在人才培养、学术研究、服务社会发展方面的活力。外部治理机制的现代化需要科学界定大学与政府之间关系，明确各自的行为边界，既能实现党委政府对大学的领导，又能实现大学的自主治理。

四是治理制度的现代化。大学治理制度的现代化本质而言就是治理的法治化，即建立一系列大学权力运行的制度，明确规定各主体的权利义务关系，明确规定权力职责。该制度体系的内容应当遵循高等教育法律法规，其建立应当遵循正当程序原则，保障各方主体的知情权、参与权、表达权，通过充分的沟通协商最大限度地达成治理共识。一旦制度规范建立，各治理主体就要严格按照制度安排有序地、规范地履行职责，行使权利，承担义务和责任。

此外，大学治理体系的现代化要求其构建与运行应当以效率最大化为原则，即最大限度地利用有限资源为社会提供优质的人力资源和教育服务。

2. 大学治理能力现代化的含义

大学治理能力的现代化要求大学具备对治理体系进行动态的创建、调动和调控的能力，即提升大学治理的五大能力。

一是增强制度创新能力。首先是对大学在宏观层面的制度构建能力提出新要求，[①] 处理好大学、政府、社会这三者之间的协同合作关系，从制度上

① 《国家中长期教育改革和发展规划纲要（2010—2020 年）》明确提出，要适应中国国情和时代要求，建设依法办学、自主管理、民主监督、社会参与的现代学校制度，构建政府、学校和社会之间新型关系。具体内容详见中华人民共和国教育部：《国家中长期教育改革和发展规划纲要（2010—2020 年）》，人民出版社，2010 年版。

保障大学与外部力量的合作治理。其次，要创新现代大学内部治理规范，提升大学运用自主权限在人才培养方式、人才引进体系、人才评价体系、内部民主管理与外部协同共治方面突破制度性障碍的能力，建立“政事分开、权责明晰、统筹协调、规范有序”的大学治理的制度体系。

二是具备理顺多元权力主体之间关系的能力。大学治理中能否理顺多元权力主体之间的关系至关重要，实践中暴露出的诸如权力配置不当、党委和行政责权界定不明、民主决策不够、多重关系不顺等问题严重制约着大学治理的效果，只有具备理顺多元权力主体之间关系的能力，对相关利益主体的权力做科学配置与制度安排，才能进一步提升大学治理水平。

三是提升利益整合能力。在大学治理语境下的权力分散与共享决定了利益整合的关键是要平衡多元主体的利益诉求，反映多元主体的利益表达。提升利益整合能力不仅是治理背景下多元治理主体共享治理权力的客观情境决定的，还源于对治理效益的评价必须考察多元主体之间的利益平衡与整合程度。

四是增强调动治理主体参与治理的能力。大学治理的活力来源在于多元主体都有参与治理的积极性和主动性，多方合力汇聚成大学治理的不竭动力。所以，要增强调动能力，使多元主体愿意参与、能够参与大学治理的活动。

五是要具备协商治理的能力。大学治理的现代化要适应多元共治的要求，在充分交流观点、对话协商的基础上求同存异、扩大共识，增强治理参与主体对于决策的认同度与支持程度，同时确保决策的科学性、合法性和民主性，提升大学治理的现代化水平。

二、城市大学治理体系与治理能力现代化的探析

（一）城市大学的概念与特征

城市是一个地区经济、政治、科技和文化交流的中心，具有较周边更为齐全的各种功能设施，它为大学的发展提供更为充足的物质与精神资源。现代大学肩负着人才培养、知识传播、学术研究、文化传承等多种职能，其建

设与发展必然会对所在城市的社会经济文化发展起到重要的推动作用。围绕着“人的全面发展”与“城市的可持续发展”，大学与城市之间的关系必然越来越紧密，大学与城市之间的互动必然越来越频繁。于是，那些依托中心城市办学，为中心城市服务的大学应运而生，有研究者将其称为城市大学。本书所研究的城市大学是指改革开放以来我国副省级中心城市主办或省市共建、以市为主的普通本科院校，它们是我国普通高等教育发展的新模式。[①]根据这一界定，城市大学具有以下特征：

1. 城市大学能更好契合所在城市建设发展的内在需求

由于我国副省级以上的中心城市正面临着建设创新型城市，追赶国内外发达城市，迎接全球新一轮科技革命与产业升级的重大机遇，城市建设发展所需解决的问题更为多样化、复杂化，要求城市建设者们能够运用新的观点、新的思维来寻求新的解决方案，而城市大学所肩负的人才培养、科学研究、文化传承等职能刚好契合了这种需求。“为区域社会发展提供服务和支撑”是城市大学的使命，城市大学要充分研究所在中心城市的经济结构、产业结构、人才结构、劳动力市场结构，关注所在中心城市的重大发展战略，考虑大学的发展定位，学科布局与重点学科建设，人才培养的层次、规格和方式，为城市发展提供优质的人才和智力支持。为此，城市大学不仅要发展与城市发展特色相匹配的学科实力，而且要围绕城市发展的紧迫需要向多学科综合的研究方向发展，建设高端智库，产出大量的高水平科研成果服务城市建设与发展，培养出大量的高素质人才，促进城市发展，提升城市的整体素质。

2. 城市大学的快速发展更依赖所在城市的各方面投入和支持

在我国，多数城市大学建校时间并不长，这些城市大学的发展速度与所在城市的发展以及投入支持密切相关。从那些实现了跨越式发展的城市大学的建设历程来看，其都离不开所在城市给予的各方面的配套和支撑。比如，深圳大学就是在 1982 年深圳市政府根据城市建设发展做出“教育与经济同步发展”决定的背景下，于 1983 年经教育部批准建立的。建校之初，深圳

---

① 张丽萍等：《城市综合大学发展规划研究——以我国十五座副省级城市综合大学“十二五”发展规划为例》，武汉大学出版社，2017 年版，第 1 页。

大学得到了顶尖高校的支持,[①] 后来在深圳市的大力支持下，在培养拔尖人才、推动科技创新、开展产学研合作等方面实现了快速发展，综合实力稳居全国百强，在软科发布的2020中国大学排行榜中位列全国第65名。中心城市对城市大学的支持与投入主要有三方面：一是政策上给予的倾斜或优惠；二是雄厚的财政支持，比如资金、建设用地等；三是城市的历史文化底蕴与特色文化的潜移默化作用。

3. 城市大学与所在城市已经形成了一种共生共荣的关系

城市大学在发展过程中，与所在中心城市已经形成了协同互动的发展格局。尤其在产业升级和社会转型的当下，城市大学与所在中心城市之间不仅仅是资源获取与资源供给的关系，更是共生共荣的伙伴关系，在互惠互利中共同提升。为此，城市大学在服务社会的同时也必须注重自身的发展，以自身的发展提升服务区域经济社会发展的能力。

（二）城市大学治理体系与治理能力现代化的特性分析

大学治理体系与治理能力现代化的相关研究适用于城市大学的治理，除了上述共性内容外，还需要从城市大学的特殊性出发，解读城市大学治理体系与治理能力现代化的含义。

1. 城市大学与所在城市关系的处理是其治理体系与治理能力现代化的核心问题

城市大学多数属于“省市共建、以市为主”的管理体制，这种办学体制存在一些问题：其一，在国家制度层面没有这类地方高校的具体定位；其二，难以从教育部和省级主管部门得到应有的资源；其三，部分城市政府对城市大学的人、财、物管得过多，影响学校自主建设与可持续发展。[②] 城市大学与所在城市关系关涉城市大学建设发展中的资源支持、服务面向、社会声誉等一系列问题。城市大学与所在城市发展契合的紧密程度决定了两者之间能否建立“开放、合作、协同”良性的互动关系，也决定了城市大学能否

---

① 北京大学援建中文、外语类学科，清华大学援建电子、建筑类学科，中国人民大学援建经济、法律类学科，一大批知名学者云集深圳大学。

② 参见张丽萍等：《城市综合大学发展规划研究——以我国十五座副省级城市综合大学“十二五”发展规划为例》，武汉大学出版社，2017年版，第124页。

获取建设发展所需的外部环境与条件支撑，是城市大学治理体系与治理能力现代化要解决的核心问题。

当城市大学与所在城市发展建立起“开放、合作、协同”的良性互动关系，大学内部治理结构将以“应用逻辑”为主导，通过逐渐将其制度化，打破传统大学内部的学术力量与行政权力的边界，引入行业、企业等市场力量，实现大学内部治理结构的转变，从而建立一种“新型治理结构”，即“党委领导、校长负责、教授治学、行业参与、政府支持、社会监督”的治理结构，并通过大学章程确定下来，形成制度体系，进一步推动城市大学治理体系和治理能力现代化，增强城市大学的发展后劲。

2. 城市大学服务区域的特色发展是其治理体系与治理能力现代化的活力源泉

要突破城市大学发展的内部与外部的机制体制壁垒，就需要走特色发展的道路，释放人才、资源等创新要素活力，推动城市大学内部与外部的创新力量与创新要素融合发展。

区域性与应用性是城市大学的生存基础，这对城市大学特色发展提出三方面要求：其一，城市大学的科学研究和社会服务主要是以区域亟待解决或者长期存在的问题为导向的应用性研究，走“校城融合”的政产学研宽领域合作路径，通过与企业合作搭建科技创新平台，提供科技创新服务，及时解决行业企业生产建设过程中的突出问题，通过与地方党委政府搭建沟通平台，提供建议和咨询服务来参与地方社会治理的现代化进程。其二，城市大学的人才培养要与区域发展需求紧密结合，为地方经济社会发展的重点或新兴产业、行业和领域提供强有力的人力支撑；其三，城市大学应当充分挖掘所在城市的历史与特色文化，并将其与现代城市精神结合，为城市建设提供更多的文化资源。

当城市大学的服务区域的功能开启，所在城市的地方政府就会逐渐认识到大学对地方经济社会发展的重要作用，就会为其制定一些特别的经济倾斜政策，这些必然会转化为一种对城市大学精神和物质的激励，当城市为坐落于此的大学提供了充足的、自由的学术和研究空间，就为大学的创新奠定了良好的基础，激发大学的创新热情和创新灵感，必然带来城市大学突飞猛进式的跨越式发展。与此同时，也会彰显和促进该城市的特色和优势发展。

总之，城市大学与所在城市的互动交流必然会拓展参与其中的人的思路和视野，突破过去固有的思维模式，从而推动城市大学治理体系与治理能力现代化的进程，同时促进所在城市治理体系和治理能力现代化的进程。

第二章 城市型大学治理体系与治理能力的变迁和类型

第一节 大学治理体系与治理能力的发展变迁

一、治理理论的发展脉络

西方政治学家在最近几十年来声称，有关治理社会的新原则正在形成。更具灵活性和动态性的治理理论逐渐取代了旧有的政府理论。政治学家通过“治理”这一新的术语来诠释政府管理活动，治理的概念近年来也在西方占据了主流地位。这个词汇已经被用在从企业运营到国际关系等一系列宽泛的领域之中。①

在理论上，治理的确成为不同学科交叉研究的桥梁，但这种治理应用泛化的取向遭致的批评也是显而易见的，比如公共治理与公司治理之间存在十分明显的差异，并不能等同视之。出于具体研究的需要，此处我们重点关注公共管理领域的治理理论。自从 20 世纪 80 年代初期，经由英国经济与社会

① Rosenau, J. N. 2000. Change, Complexity, and Governance in a Globalizing Space. In Debating Governance — Authority, Steering, and Democracy. Oxford: Oxford University Press, 167～200.

发展委员会（The Economic and Social Research Council）对于“地方政府治理规划”的推介，“治理”的相关内容被联合国与世界银行等国际组织广泛采用，一种全新的公共管理发展取向和公共管理水平评判标准据此产生，并几乎成为西方各国推动“重塑政府”的基本准则。[①] 这一时期的治理理论无疑具有突出的现实意义，如 Robert Cox（1986）认为，“它作为某种解决问题（市场失灵）的理论，无疑可以称之为实用主义的典范”[②]。

然而，同一规范在治理理论研究的初期显然并未出现，其界定标准、分类依据、研究方法差异性较大。此后治理理论逐步以“网络治理”居于主流，并在其中发展为宏观与微观二个层面：宏观层面主要以批判实在主义为其主要方法论与认识论基础；微观层面则以去中心化的多元主体为特征，以后现代诠释主义为其主要方法论与认识论基础[③]。当代英国著名思想史家马克·贝维尔（Bevir，2011）将治理理论发展的过程划分为三个阶段，而这种划分方式也比较具有权威性和代表性[④]：

第一阶段着重于全方位、多层次、多中心的“政策网络”的建构。主张建构全方位、多层次、多中心的政策网络来替代政府作为具有国家公权力的行政组织。在全球化以及日益复杂的公共问题之影响下，必须构建能够整合多方资源的政策网络以完成权力与资源的再分配。同时必须加速科层组织的扁平化，并构建横向与纵向相结合的多层次政策网络，以便更有效地提供公共产品与公共服务。[⑤] 以“政策网络”样态呈现的治理理论的兴起被视作寻求国家与社会双赢发展的必然趋势[⑥]，这一时期的治理理论特别强调政府部门按照不同层级、不同政策网络的方式进行改革。基于政策网络的政策执行

---

① Wanna，J. & P. Weller. 2011. “The Irrepressible Rod Rhodes：Contesting Traditions and Blurring Genres.” Public Administration 89（1）：1～14.

② Cox，R. W. 1986. Social Forces，States，and World Orders. New York：Columbia University Press，15～36.

③ Bevir，M. 2010. “Rethinking Governmentality：Toward Genealogies of Governance.” European Journal of Social Theory 13（4）：423～441.

④ Bevir，M. 2011a. “Interpretive Theory.” In The Sage Handbook of Governance，ed. Mark Bevir. London：Sage Publication Ltd，51～64.

⑤ Pierre，J. 2000. Debating Governance：Authority，Steering，and Democracy. New York：Oxford University Press.

⑥ Kjær，A. M. 2011. “Rhodes Contribution to Governance Theory：Praise，Criticism and the Future Governance Debate.” Public Administration 89（1）：101～113.

与传统政策执行相比，其优势在于可以将部分原由科层制部门承担的资源转由市场或者非营利性的志愿组织来承担。①

第二阶段着重于“以政府为中心”取向的网络治理。此类理论认为过于聚焦全方位、多层次与多中心的“政策网络”，必将导致“空洞化网络”的产生。此种空洞化网络无法起到治理的应有功能和作用，而为人们所质疑。以政府为中心的治理网络的重新确立，将使此种网络得以维系，给予人们对此类网络的信心。这样的信心来自政府仍然控制着财政、人力资源与政策的自主与职能及政策优势。② 一些学者呈现出这样一种共识：政治精英与行政机构比其他行为者拥有更充盈的资源、合法途径与机会去行使“后设治理”职能，能更好地调控网络资源分配，能以更具全局的视角提出国家发展规划。③ 依据 Jessop（2011）所提出的“后设治理”的概念，现代资本主义社会在发展过程表现出不可逆转的态势，政府功能的分离趋势与国内外势力的挑战以及政府组织内部的惯性密切相关。然而，政府的管制空间、功能与职能非但不会因此减弱或消除，反而更有提升的空间。④ 在这一时期，以俞可平、毛寿龙为代表的中国学者，对于西方治理理论的引介和研究也明显带有“政府中心论”的倾向。

第三阶段着重于“以社会为中心”取向的网络治理。这种形态的治理的产生，根植在对政府与无中心的双重恐惧下。政府处于绝对优势地位会威胁到治理，而无中心则会导致自由主义局面的出现，同样会妨碍良好的治理效果的出现。当我们在强调信任、民主、互惠与合作的前提下探讨网络治理的有关问题时，应谨慎考虑权力与资源分配不均所导致的负面影响。因此，针对以社会为中心的网络治理分析既非宏观层面也非中观层面，而是以微观层面即具化到个别行动者层面进行分析，具有“后设治理”能力的个案观察必

---

① Fawcett，P. & C. Daugbjerg. 2012. “Explaining Governance Outcome：Epistemology，Network Governance and Policy Network Analysis.” Political Studies Review 10（2）：195～207.

② Börzel T. A. 2011. “Networks：Reified Metaphor or Governance Panacea?” Public Administration 89（1）：49～63.

③ Marsh，D. 2011. “The New Orthodoxy：the Differentiated Polity Model.” Public Administration 89（1）：32～48.

④ Jessop，B. 2011. “Meta－governance.” In The Sage Handbook of Governance，ed. M. Bevir. London：Sage Publication Ltd，106～123.

须依赖个人技巧或某个特殊人士的主观经验诠释①，但是这种取向并未获得大多数学者的认同，因此现在治理理论最初的分歧并没有实现弥合。

综上所述，全新“治理”概念的出现与相关理论的发展是在20世纪70年代西方世界进入经济“滞涨”时期的现实背景下，各主要发达国家在面临严重发展困境时被迫进行的一种改革路径选择。这种时代困境的出现并不是偶然的，其背后有多种原因：一是政治方面民主进程的加快，从以政府为中心的多元代议式民主发展为代议民主为主、审议民主为辅的方式，地方权力不断扩大，地方施政能力不断增强。二是经济方面市场程度的进一步深化，市场中更多地出现了能够提供公共产品与公共服务的非官方主体，而政府面对诸如财政等亟须解决的问题，也更加欢迎其他市场中的主体参与提供公共产品与公共服务，并承担一部分的责任。三是在社会方面更加凸显个体的不同个性和满足个体的独特需求，呈现出一种由强调提供普适性的生活方式与生活产品转为提供与个人需求相符、体现个人尊严与个性意义的产品差异化的理念倾向。治理脱胎于并且受制于这些背景，因此，正如Börzel（2011）所言，治理理论（模式）并非完美的灵丹妙药。在不同国家、不同领域、不同时间，其具体的引介、应用还需更多的探索。②

二、西方大学治理体系与治理能力理论的发展

20世纪80年代，福利主义国家所衍生出来的社会危机引发了新公共管理运动，经济社会的变革领域也逐渐在蔓延扩展，将大学推上了改革的“风口浪尖”，引发了一大批西方学者转向对大学管理问题的重新思考和研究。范德格拉夫等编著的《学术权力——七国高等教育管理体制比较》应运而生，它是作者对大学权力问题进行专门研究的代表著作。作者在对美、英、德、法、意、日和瑞典七国大学的权力层次结构和运行机制进行比较分析的基础上，归纳提出了大学存在“结构的等级性”和“决策的内聚性”的权力

① Sørensen, E. & J. Torfing. 2009. “Making Governance Networks Effective and Democratic Through Meta-governance.” Public Administration 87 (2): 234～258.

② Börzel T. A. 2011. “Networks: Reified Metaphor or Governance Panacea?” Public Administration 89 (1): 49～63.

结构特征，并将上述七国大学按照权力结构特征，一端是高度内聚，另一端是自由选择的方式，逐次进行了排列。[①] 伯顿·克拉克是同时期对大学权力研究系统研究的又一代表，他认为大学是特殊的利益组织，是围绕对学科和院校所承担的义务而形成的利益集团，这种利益集团体现了大学的权力关系。高等教育系统中权力的不同分布影响着大学系统的活动方式、变革的类型及其所贯彻的价值观念，甚至影响着大学在何种程度上能够成为一个组织。[②]

此后，西方学者逐步开始以治理的视角对大学管理进行专门研究，其中，美国学者科尔森的大学“权力结构论”和伯恩鲍姆的大学“组织与领导学说”为学术界所广泛接受，并成为大学治理研究的重要理论基础。早在20世纪60年代，科尔森就提出了大学权力结构的二重性理论，即科层管理结构与专业权力结构。他认为二者不但在结构上是分类的，而且建立在不同的权力基础之上。[③]

国内学者将他的“权力结构二重性”作为自己研究的主要理论依据，从学术权力和行政权力二元权力结构研究大学的管理和制度问题。而伯恩鲍姆在其著名的《大学运行模式：大学组织与领导的控制系统》一书中，借助系统论和循环论的工具和方法，分析和阐释了现代大学的组织特点和运行模式特征，并指出“组织的子系统之间较少出现的、受到限制的、相互作用微弱的、不重要或反应迟缓的结合”[④]，大学的组织特点是一个“牢固与松散的联合体”[⑤]。而大学这种“松散与牢固”的组织特性集中反映在：大学目标的模糊性、内部控制的二重性、权力的非制度性以及层级的

---

① Corson J. J. 1960. Governance of Colleges and Universities. New York：Mc Graw—Hill.

② 罗伯特·伯恩鲍姆：《大学运行模式：大学组织与领导的控制系统》，别敦荣等译，中国海洋大学出版社，2003年版，第12页。

③ 王祖林：《大学组织研究的反思与创新——罗伯特·伯恩鲍姆〈大学运行模式〉评析》，载于《当代教育科学》，2013年第1期，第6～8页。

④ 邓光平：《如何识读现代大学组织特性——罗伯特·伯恩鲍姆的大学组织结构观》，载于《复旦教育论坛》，2005年第2期，第64～67页。

⑤ Gayle D. J.，Bhoendradatt Tewarie，and A. Quinton White，Jr. 2003. Governance in the Twenty—First—Century University：Approaches to Effective Leadership and Strategic Management. Wiley Periodical，inc.，107～113.

混乱性等方面。[①]

近些年，国外从治理角度对大学展开的研究，主要着眼于大学内部治理结构的有效性和大学文化在大学治理中的作用等问题。[②] Blackman 和 Kennedy（2009）从知识管理的角度研究大学的治理绩效，认为大学内部权力运行和配置是否有效主要应以是否有益于知识的管理为标准[③]；从利益相关者视角对大学治理的研究，如有关学生家长参与学校决策的研究等[④]；Christensen 从组织变迁的角度研究自新公共管理运动以来，各国大学治理结构的变革情况，认为治理变革在使大学在内部财政、决策和管理方面获得更多的自治权的同时，也使大学产生了更大的外部依附性。Kennedy（2003）在《高教治理：21 世纪的关键政策问题》一文中提出只有将大学内部和外部两种关系作为整体来看待时，高教治理问题才能得到根本解决。而解决问题的重要机制就是“协商合作”。

由于国外学者特别是发达国家大学治理研究者所面临的问题与中国不同，其研究的普遍特点带有明显的“问题指向”，研究关注的重点是大学内部的权力关系、制度安排和文化因素等。虽然也有个别学者从大学外部治理关系的角度对大学治理问题进行了一定的研究和分析，但从整体趋势来看，西方关于大学与政府、社会关系的研究并不是这方面研究的主流。

三、中国大学治理体系与治理能力的发展变迁

西方社会治理的理论与实践对中国大学治理产生了深刻影响，形成了关于高校的外部治理和内部治理的一系列认识成果和实践经验。

---

① Gayle D. J.，Bhoendradatt Tewarie，and A. Quinton White，Jr. 2003. Governance in the Twenty—First—Century University：Approaches to Effective Leadership and Strategic Management. Wiley Periodical，inc.，107～113.

② Gayle D. J.，Bhoendradatt Tewarie，and A. Quinton White，Jr. 2003. Governance in the Twenty—First—Century University：Approaches to Effective Leadership and Strategic Management. Wiley Periodical，inc.，107～113.

③ Blackman D.，Kennedy M. 2009. “Knowledge Management and Effective University Governance.” Journal of Knowledge Management，13（6）：547～563.

④ Addi— Raccah A.，Ainhoren R. 2009. School Governance and Teachers' Attitudes to Parents' Involvement in Schools. Teaching and Teacher Education，Elsevier Ltd.，（25）：805～813.

（一）国内高校外部治理的历史演进

1. 民国时期政府与高校的关系：严格管制

伴随五四运动的风潮，大学新思想的宣传虽然起到了积极的作用，但为当时政府所打压。1927 年南京国民政府成立之后，行政干预也体现在教育领域，表现为国民政府教育部加强了对教育的控制。国民政府颁布了一系列法律法规旨在约束高校，例如 1929 年颁布的《大学组织法》。抗日战争爆发后国民政府更进一步加强了对高等教育的控制，并相继出台了《战时各级教育实施方案纲要》《战时各级教育实施方案》等。1947 年，为维护即将崩溃的独裁统治，南京国民政府发布了《勘乱总动员令》，该法令对学生思想和行为进行了严格的管束和监控，行政干预达到了前所未有的程度。

2. 中华人民共和国成立初期政府与高校的关系：高度集权

中华人民共和国成立初期，面临着迅速恢复生产力和适应社会发展的现实需要，国家实行高度集权政策，集中力量来办大事，在这样的背景下，政府与高校是管制与被管制的关系。政府建立了高度集权的高等教育管理体制。在当时的情况下，政府是高校唯一的负责人。1950 年，政府颁布了《高等学校管理暂行办法》，其中明确规定高等学校的重要方针都由政府教育部做统一规划，即使地方教育部门要作出适宜当地实际的地方性规定，也必须报由中央教育部核准。中华人民共和国成立后到改革开放之前，政府对整个社会事务都采取行政手段管理，高校的治理也完全依靠政府力量，这样管理的弊端是造成了高校日益严重的官僚化、行政化现象。

3. 改革开放后政府与高校的关系：探索改革

国内真正意义上的高校治理研究始于改革开放以后。1979 年 12 月 26 日，《人民日报》公开发表了复旦大学校长苏步青题为《应该相信校长能管好大学》的文章，呼吁给高等学校一点自主权。① 该文发表 5 年后，终于得到了教育部的回应。1984 年 11 月，教育部通知下放直属高校人事管理权，改革开放后新一轮的高等教育体制改革自此开始。苏步青等人的呼吁可以视作对我国高校管理体制改革讨论的起点。受到国外理论研究的影响，大学治

① 苏步青：《应该相信校长能管好大学》，载于《人民日报》，1979 年 12 月 26 日。

理日渐成为我国学术界关于高校体制改革的重点研究方向，学者们主要借助公共治理、高等教育治理、多中心治理等相关术语的使用，借鉴新公共管理学的相关理论，来构建大学内外部的权力关系，而大学外部治理关系问题一直是我国学术界研究和讨论的重点。总体而言，这些研究成果主要体现在以下两方面。

一方面，从学理角度研究大学外部治理。这些研究主要将治理理论作为研究的理论基础，并对大学治理理论的内涵、产生的背景、主要内容以及一些相关概念进行了介绍和分析。俞可平、毛寿龙等较早进行治理研究的学者观点被较多地引用，如俞可平的《治理与善治》①、《全球化：全球治理》②，毛寿龙等编著的《西方政府的治道变革》③ 等中的阐述。此后，这方面研究的重点开始转向对大学组织的内外部制度安排及其运行机制进行分析，并且普遍认为大学改革的关键点在于对其外部制度安排进行变革。其中，就有学者指出，改革开放 30 年来，我国经济体制改革和高等教育体制改革已经把高校推上了依法自主办学的轨道，大学治理的社会需要与历史条件已基本具备。大学治理结构为重塑政府与大学的关系，再造政府对大学的管理流程提供了建立新范式的可能。④

另一方面，针对现实问题研究大学外部治理。学者们在对大学治理理论进行阐述后，研究逐渐开始观照现实，由简单的原则性建议逐步深化到具体的大学外部治理关系和治理结构的构建。其中就有学者指出，目前我国正处于经济体制的转型期，受计划经济体制集权控制的影响，政府在很大程度上仍牢牢控制着高等教育管理的各种权力，大学的办学自主权有限，社会力量难以介入。⑤ 改革大学管理体制，政府首先要对自己的角色进行重新定位，应该是“掌舵”型的有限政府，而不是既“掌舵”又“划桨”的全能型政

---

① 俞可平：《治理与善治》，社会科学文献出版社，2000 年版。

② 俞可平：《全球化：全球治理》，社会科学文献出版社，2003 年版。

③ 毛寿龙、李梅、陈幽泓：《西方政府的治道变革》，中国人民大学出版社，1998 年版。

④ 龚怡祖：《大学治理结构：现代大学制度的基石》，载于《教育研究》，2009 年第 6 期，第 23 页。

⑤ 龙献忠、朱咏北：《政府公共权力重构与高等教育治理》，载于《高等教育研究》，2005 年第 11 期，第 34 页。

府。应将本应属于大学的权限归还给大学，扮演协调者和监控者的角色。①也有学者认为，解决因政府失灵和市场失灵问题而兴起的治理理论的特点是多元权力主体替代单一权力主体，现代大学在发展的进程中也不可避免地需要引入治理变革。但是要注意大学治理的改革不可一蹴而就，需要政府的强力推动和稳步尝试。② 还有学者从形式有效和实质有效两个维度对我国大学治理的有效性进行了考察，认为治理的形式有效性有待提高，提高大学治理有效性的主要路径是以争取更多自主权为核心，改革政府与大学之间的外部治理结构③，等等。

（二）国内高校内部治理的历史演进

考虑到中国国情，国内早期的大学治理研究往往从大学的外部关系入手，结论大都指向对政府管理权力进行解构，并普遍认为这是优化大学外部治理结构、构建政府与大学间新型治理关系的前提。而进入 21 世纪，随着相关研究的不断深入，对于大学治理的研究重点逐步从外部关系治理转向高校内部，研究成果也比较丰富。可以将关于高校内部治理的研究归纳为以下三个方面：

一是高校内部治理含义及理念的梳理与界定。这些研究主要将高校内部治理作为研究的锚定点，对高校内部治理的内涵、治理与管理的区别、高校内部治理的主要内容等进行介绍和分析。有学者就对大学治理与大学管理进行了区分，认为二者在目标、导向、主体、客体、实施基础、实施手段、层级结构、沟通方向、政府作用和资金结构等方面都存在显著区别。二者还存在时间边界、规模边界和制度边界，正确认识和确定二者的边界具有重要的实践意义。④ 也有学者认为，我国大学已经迈过了前治理时期，治理问题对

---

① 许杰：《论政府对大学进行宏观调控的新向度——以治理理论为视角》，载于《清华大学教育研究》，2003 年第 6 期，第 47～54 页。

② 杨纳名：《大学治理的必要与可能：治理理论的大学实践》，载于《河南师范大学学报》（哲学社会科学版），2009 年第 6 期，第 239 页。

③ 朱家德：《我国大学治理有效性的历史考察》，载于《中国高教研究》，2014 年第 7 期，第 25 页。

④ 李福华：《大学治理与大学管理：概念辨析与边界确定》，《北京师范大学学报》（社会科学版），2008 年第 4 期，第 19 页。

于我国大学已不再是一个虚幻的、空谈的命题，大学治理结构更具发展价值，是比管理结构更具基础性的一种制度结构，其根本目的是建立大学决策过程与社会权利主体的合理联系，实现社会价值平衡。① 还有学者通过对清末以来我国大学治理结构变迁的脉络梳理与分析，发现我国大学治理结构变迁的路径选择缺乏大学治理理念支撑，以强制性变迁路径为主且缺乏一致目标，从而导致我国大学治理结构存在治理主体单一、治理结构缺乏效率等问题。这就要求高校重建现代大学治理理念，克服大学治理结构变迁过程中的路径依赖，并且注重强制性变迁和诱致性变迁之间的适时转化。②

二是高校内部治理结构及权力运行机制的研究。这些研究主要围绕高校内部治理结构、权力运行方式等学校内部管理的核心要素，重点讨论大学内部治理结构与权力结构的匹配问题。有学者将我国大学的内部管理归纳为一个包含四种基本权力的权力结构体系，是一个要求四种权力在和谐关系中协同治理的权力关系架构。大学的和谐务必要求这些权力行使有效、恰当与协调，这是我国大学治理走向成熟和完善的必然选择。③ 有的学者认为，建立大学章程和遵循正当程序原则是保证大学内部治理结构中权力合理运行的重要条件，重视和保障教师与学生的民主参与权与监督权是制约权力滥用的重要防线。④ 也有学者认为，完善大学内部治理结构，必须进一步优化由党委领导、校长负责、教授治学、共同参与、党委决策、民主管理六大要素构成的大学内部组织结构关系，建立和健全坚强有力的领导机制、民主科学的决策机制、行政权力与学术权力和谐发展的机制，深度对话与平等协商的共同参与机制和公开透明的权力调控机制。⑤ 学者周光礼认为，建立大学法人治理结构是完善中国现代大学制度的关键。为此必须解决进一步扩大和落实办学自主权、党委在大学治理中的角色和定位、大学法人治理结构变革的路径

---

① 龚怡祖：《漫说大学治理结构》，载于《复旦教育论坛》，2009 年第 3 期，第 47 页。

② 李建奇：《我国大学治理结构变迁的路径选择》，载于《高等教育研究》，2009 年第 5 期，第 39 页。

③ 秦惠民：《我国大学内部治理中的权力制衡与协调——对我国大学权力现象的解析》，载于《中国高教研究》，2009 年第 8 期，第 26 页。

④ 方芳：《大学治理结构变迁中的权力配置、运行与监督》，载于《高校教育管理》，2011 年第 11 期，第 16 页。

⑤ 董泽芳、岳奎：《完善大学治理结构的思考与建议》，载于《高等教育研究》，2012 年第 1 期，第 44 页。

选择、大学去行政化以及大学章程制定等问题。①

三是高校治理结构的国际比较研究。这种研究的特色在于以国际经验解决国内问题，探讨发达国家高校内部治理的现实状况。有学者将美国、英国和澳大利亚大学治理结构归结为以董事会为核心的大学决策体制、以校长为中心的大学行政管理系统和学术委员会学术管理体系，并对三种形式的优缺点进行了较为全面的分析。② 有学者认为，当代大学治理结构存在三种主要国际模式：一种是以内部人监督为主的关系型治理结构模式；一种是以国家监督为主的行政型治理结构模式；一种是以中介机构监督为主的复合型治理结构模式。③ 还有学者通过对比分析中西方大学治理结构变迁中的强制性和诱致性两种不同方式，认为我国未来大学治理结构变迁方式将从强制性向诱致性转变。④

第二节　城市型大学治理与城市发展的关系

一、城市型大学治理与城市人口素质结构

城市型大学的治理与该大学所在的城市息息相关，尤其是城市的人口素质。人口素质是指在一定历史条件下人口的结构和组合状态所展现的各种社会功能和影响力。1991 年举办的“中国人口素质生活质量问题科学研讨会”将人口素质理解为人口质量。在《人口学词典》中，人口素质指的是“人口总体的身体素质、科学文化素质以及思想素质，它反映了人口总体认识和改

① 周光礼：《中国公立研究型大学法人治理结构改革——基于华中科技大学的案例研究》，载于《中国人民大学教育学刊》，2012 年第 3 期，第 5～24 页。

② 焦笑南：《美国、英国、澳大利亚的大学治理及对我们的启示》，载于《中国高教研究》，2005 年第 1 期，第 51～53 页。

③ 甘永涛：《大学治理结构的三种国际模式》，载于《高等工程教育研究》，2007 年第 2 期，第 72 页。

④ 钟云华、向林峰：《中外大学治理结构变迁方式比较》，载于《现代教育管理》，2010 年第 2 期，第 110～113 页。

造世界的条件和能力”。城市人口素质结构，是城市人口在人口质量方面构成情况的体现。关于人口素质结构所包含的内容，不同的研究学者也有各自的划分标准。从外延来看，学界存在着“三要素”（身体素质、科学文化素质和思想道德素质）和“二要素”（身体素质和科学文化素质）的争论，是否将人口思想道德素质作为人口素质结构的内容之一是讨论的焦点。此外，随着对人口素质的深入研究，劳动技能素质也逐渐被归入人口素质结构的维度中加以研究。

总体而言，人口素质结构无论是以“三要素”还是“二要素”为标准，都反映出其内涵不仅包括先天性因素，同时也很大程度上依赖于环境、社会背景等后天性因素。城市人口的思想道德素质虽然能够反映出城市人口的价值观以及思想道德水平，但出于道德水平很难进行量化和评价的考虑，诸多国内外学者常常忽略这一要素的研究。同时，人口的劳动技能素质在大学与城市人口素质的互动表现中作用显著。

有鉴于此，本书认同许艳、屈云龙等人对人口素质评价体系的构建，并在其基础上将城市人口素质结构的内涵具体划分为三类，分别是人口科学文化素质、人口劳动技能素质以及人口身体素质。人口科学文化素质，也可以称为人口智力素质，是指人口受教育程度和掌握科学知识的多少，体现人口的社会属性，是反映一个国家或地区人口文化程度和文化素质的重要指标。人口劳动技能素质是人口素质的主要内容，在经济社会发展中发挥重要作用，具体体现为劳动从业者的文化构成、专业技术人员的数量等。人口身体素质是人口素质的生物学基础，体现人口的自然属性，人口身体素质的高低受到先天遗传以及后天环境的双重影响。城市人口的身体素质与该城市的经济发展水平、医疗完善条件等息息相关。

（一）大学改善城市人口素质结构

1. 大学延长人均受教育年限，提高城市人口科学文化素质

人口科学文化素质的衡量标准所涉及的主要方面都与大学的发展紧密相关。我们通常将城市中大学、大学在校生以及每十万人在校大学生的数量作为参照指标衡量城市人口科学文化素质。此外，我们还应当考虑到大学及高等教育延长了人口的人均受教育年限，提高城市人口中大学文化程度人口占

总人口比重和人口教育层次。

基于上述考量，通常认为，大学对提高城市人口科学文化素质方面有着非常重要的促进作用。具体来说，大学的建立有利于促进地方政府积极扩大城市的财政教育支出，提高教育资源的共享性和利用率。由大学带来的图书馆等基础设施为城市人口提供了更多的学习资源和教育平台，同时，大学传播知识、探索真理的学术理想，有助于营造城市崇尚科学、追求真理的学习和文化氛围，在增加城市图书出版册数和传播影响力以及举办科学文化讲座等方面对提高城市人口科学文化素质产生长远深刻的影响。

2. 大学改善城市从业者知识储备，增强城市人口劳动技能素质

一个城市的经济发展水平和层次为该城市的产业结构和经济结构所决定，而产业结构的良性调整和经济的可持续发展则在很大程度上依赖于该城市劳动者的整体素质结构和知识储备。

一般而言，大学的建立和高等教育的日益普及，提高了城市从业者中本科及以上学历者在总人口的占比。这为城市及区域带来多种学科、专业的培训机构，为城市人口文化素质的提升以及城市劳动者专业技能的提高提供了知识、师资及实践的宝贵机遇，有助于培养各类专业技能人员。出于对城市生活和文化的认同和依赖，相当部分应届毕业生愿意留在大学所在城市工作，这也为城市提供了众多具备专业知识的高素质优秀人才。此外，大学能够及时向受教育者传播最新的科技知识成果，培养适应经济结构调整和经济发展方式转变的各类技术人才，提高城市第三产业人口所占比重，进一步增强城市从业者的劳动技能素质。

3. 大学提高城市人口健康管理意识，增强人口身体素质

高等教育阶段学到的知识和技能有助于增强人们掌握健康管理的意识和能力，进而影响受教育者提高对自身及他人身体素质的关注，使其能够通过更合理科学的方式安排饮食起居，关注卫生管理，提高身体素质。

就此而言，大学或大学城以其自身的硬件设施完善了城市或区域医疗条件，比如很多大学尤其是医科类大学和综合性大学都设有医学院和附属医院，从而为城市提供大量的优秀医务工作者，为城市的卫生事业发展提供坚实的人才支撑。此外，大学中的体育馆、健身馆等公用基础设施也可以为城市人口提供体育锻炼和活动的场所及其相应设备。值得注意的是，受过高等

教育的人更有意识和能力增强下一代的身体健康。相对来说，大学教育的熏陶促使人们更多掌握优生优育以及遗传学等方面的知识，这无疑有利于提高婴幼儿的身体素质。

（二）城市人口地域结构对大学选址及环境的影响

1. 大学的建立受到城市人口地域结构的制约

大学能够通过人口聚集改变城市地域结构，而城市人口的地域结构也会对大学及大学城的选址和发展产生影响。人口的区域分布在城市中具有不均匀性，人口的数量和密度自然不同，而这些都是大学规划选址的考虑因素之一。由于大学的建立及发展需要占用城市一定的土地面积，1949 年后我国大学的建立一般选择在人口密度较小、城市边缘的区域，以为其建立提供完善和发展空间。

近些年，随着城市的发展和高校的扩张以及大学与城市融合的趋势日益增强，许多城市都逐步开始推动大学城的建设。大学城和独立大学建立的目的有所不同。大学城更加注重区域内的大学与企事业单位、科研机构等的沟通及合作，以互动、合作、共赢为发展目标，所以其选址自然也与独立大学存在一定差异。一般来说，大学城会倾向于选择配套有相应的人力资源储备和劳动力资源的经济发展潜力区域，这不同于大部分独立大学以地处城郊、人口稀疏为主的选址依据。以目前我国建设规模较大的重庆大学城为例，有 14 所高校汇集于此，师生人口达到 25 万，加上微电园和中心区的高科技产业 20 多万的从业人员和各大新楼盘入住的 30 多万人，重庆大学城总人口达到 100 万人。同样，广州大学城规划面积为 43.3 平方千米，可容纳学生 18 万～20 万，总人口 35 万～40 万的，相当于中等规模的城市。因此，随着城市化的推进以及社会对大学需求的变化，大学城可能将成为未来的趋势，而此时的人口地域结构将对相应的配套机制提出挑战。

2. 大学带来的人口集聚给周边环境的治理提出挑战

随着城市人口的聚集，诸多人口和环境问题随之产生，对大学及其周边的环境治理提出了挑战。随着人口平均密度增大，有限的公共资源和地理环境必然会产生冲突，给大学周边带来一系列问题，如交通拥挤、环境污染、房价上涨等。且大学校园内的基础公共设施、教育和学习资源的利用以及高等教育机构作为科研创新文化组织所需的学术氛围都有可能因周边环境的恶化而受到影响。大学周围的人口聚集只有充分发挥其积极作用，才会对城市的经济社会发展与繁荣做出贡献。只有集聚大学和城市管理等多方面的力量，才能够解决这些问题。

二、城市型大学与城市家庭结构

一个城市中家庭结构的变化，受到这个城市经济发展、社会环境、人口结构、文化氛围等因素的诸多影响。城市型大学的发展对城市家庭结构的长期变化和调整有着不可忽视的作用。

城市家庭结构指家庭中成员的构成及其相互作用和影响的状态，以及由这种状态所形成的相对稳定的联系模式。城市家庭结构主要包含城市家庭规模和城市家庭模式两个维度。家庭规模是家庭人口数量的体现，可以通过平均家庭人口数来呈现。家庭模式则指家庭成员之间相互联系的方式，一般包括核心家庭、主干家庭、联合家庭以及其他家庭等类型。

城市家庭结构是社会结构中的重要组成部分。家庭是城市社会中的基本组成单位，也是维系人们婚姻生活和血缘关系的组织形式。费孝通曾以夫妇形成核心数量的多少为依据，将家庭结构划分为不完整的核心家庭、核心家庭、联合家庭（即大家庭）以及核心家庭外还有其他成员四类。后来，潘永康等学者在此分类的基础上继续进行研究和探讨，出现了核心家庭、主干家庭、联合家庭以及其他家庭四类家庭结构的分类和说法。而后伴随着经济的发展，社会结构有了进一步的调整和变化，家庭结构的表现形式也从相对单一的模式向多样化、复杂化转变，更多之前被边缘化的家庭结构形式逐渐得到重视，在模式分类中被统计其中，诸如单人家庭、单亲家庭等的加入使得家庭模式呈现更为广泛的内涵。

（一）城市型大学影响城市家庭模式和类型分布

根据高等教育的社会效果理论，教育效果可以分为显在效果与潜在效果，而大学及高等教育对家庭结构的影响不是有意识的、预期的，而是在大学与城市社会的互动过程中，通过改变和影响社会和家庭结构要素，产生的伴随的、从属的、无意识的潜在效果。

1. 大学与高等教育推迟人口初婚年龄，核心和单人家庭类型比重增加

大学及高等教育的熏陶在潜移默化地影响和改变着人们传统的家庭观念，促使接受过高等教育的城市人口的初婚年龄推迟，导致晚婚甚至不婚现象频发，家庭模式也随之改变，城市单人家庭类型比重逐步上升。李荣时对我国人口普查10%的抽样调查和相关分析，显示女性初婚年龄的变化与其文化程度存在相关关系，同时相关分析结果证明，小学和初中文化程度的女性在结婚年龄方面差别不大，而拥有大学文化程度的女性，其初婚年龄与小学和初中文化程度的女性差异较大。因为在读大学的过程中，大学生定居于大学所在城市的概率大于回乡，相对于未受过高等教育并且选择与父母特别是男方父母一同居住的群体而言，大学毕业生由于观念的转变以及现实因素的影响，大多选择在该城市组织家庭，而非与父母一同居住，城市主干家庭模式也随之受到冲击。

2. 大学改变和影响家庭和生育观念，丰富家庭模式

大学和高等教育改变和影响人们传统的家庭和生育观念，改变人口的生育年龄。晚婚甚至不婚意识增加，提高了城市人口的晚育率，增加了城市“丁克”家庭的比重，根据20世纪80年代的调查，人口的文化水平越高，期望生育率就越低。受教育的人口具有较为稳定的职业和较高的收入，重视对事业目标的追求，同时也注重物质和精神生活的享受。在一定程度上，他们在生育和养育子女上付出的时间、精力相对减少，在选择不孕或晚育的家庭中，高等教育背景的人口比重较大，由于“丁克”家庭类型的增加，传统的家庭类型模式逐渐被打破，家庭模式的类型由过去的单一型转变为多样化、复杂化。此外，中国社会科学院王毕生的研究表明，高等教育在家庭中增加了子女离开父母到国外留学和职场生活的可能性和比重，将只有一个孩子的夫妇的核心家庭转换为“空巢”的比重也很大。据统计，生育观念发生了变化，尤其是晚生的现象在主要家庭类型中比重增大，夫妻的核心家庭也呈现出增加的趋势。

（二）城市家庭结构影响大学的生源

当前，城市型大学的招生深刻受制于城市人口的变化。要言之，城市家

庭的小型化趋势带来了家庭规模的减小，而平均家庭人口数量减少，女性生育年龄延迟，城市人口出生率普遍降低，则导致高等教育适龄人口大幅减少。我国高等教育适龄人口（18～22周岁）数量在2008年达到顶峰后逐年下降，很多地区高等教育招生计划都没有完成，众多高校存在不同程度的生源危机。这表明，大学的生源因人口结构的变化日益减少。

随着大学教育在全社会的作用和价值的提高以及高校之间的竞争越来越激烈，对学生资源数量的保证成为大学在竞争中的重要因素，大学适龄期人口的减少对各层次的大学提出了新的挑战，倒逼各层次的大学尤其是地方大学提高学校运营质量和学校运营特色，增强自己的品牌影响力，以避免在学生资源竞争中陷入被动。

（三）大学促进城市优化就业结构

就业结构的形成和发展在一定程度上受到高等教育发展的制约，劳动力是就业结构中最基本的要素。大学通过高等教育可以提高城市劳动力的人口素质，加强从业人员的劳动技能，对满足城市劳动力需求起着重要作用。

大学为城市就业结构优化调整提供了人才和技术的基础。在人才和科技成为产业结构升级最重要动力的现代社会，城市经济产业结构升级需要不同的知识结构和功能素养。相关人才的流动为就业结构优化打下了良好的基础。大学是社会优秀人才诞生的摇篮，也是产生尖端科学技术理论和产品的主要场所。作为地区发展的“知识库”，大学通过掌握最新领域的科技知识和信息，促进产业结构的调整，促进城市行业技术结构升级，促进城市劳动力低附加价值的加工型、资源型产业发展为高附加值行业，加速城市从业者从第一产业转移到第二、第三产业，影响城市人口就业结构。同时，高校加强与该地区的产学研合作，扩大校企的合作渠道和模式，建立学生的校外实践和创新基地等，加强实践和运营能力的锻炼和培养，帮助学生树立正确的就业观念，引导就业和创业选择方向，对城市就业结构起着重要作用。

（四）城市就业结构影响大学发展定位

城市就业结构又称社会劳动力分配结构，主要指劳动力不同的部门、行业、地区之间分布的数量比较关系，城市就业结构的变化受到历史背景、经济发展和产业结构调整、文化环境等诸多因素的影响，大学和高等教育也起到了重要作用。城市型大学的专业设置和人才培养方式与该城市的经济产业结构、就业结构有着密切的关系，大学的社会服务功能的重要表现就是为该地区的产业发展需求提供人才和知识的基础，城市为自己的产业充分发挥优势，引导形成经济增长点，就业结构最直观地反映出该城市劳动力在不同的产业或行业中的分布、构成和比例等情况。因此，在多种就业结构的基础上，大学在自己的目标定位、学科和专业设置、培养计划、培养方式和课程结构等方面进行一定的调整，使其培养的人才符合城市经济发展方式的需要。同时，根据“配第－克拉克定理”，随着城市就业结构的调整和优化，从事第一产业的劳动者逐渐减少，第二产业和第三产业结构的调整将对劳动者提供更高的教育背景和知识能力要求。总之，大学的设立定位和专业设置主要影响所在城市或地区的就业结构。例如，设置海洋和船舶学科的大学位于海滨城市，在外国企业投资产业较多的城市中，大学设置的外语、管理学科相对较多。

与综合型和研究型大学相比，应用型大学与城市发展和产业结构有着密切的关系，应用型大学以培养和锻炼学生的实践能力为目标，其专业设置和学习方向与城市就业结构一致。然而，如果大学在人才培养和专业设置上追求学校运营规模，忽略教育质量和学校运营特色，就容易造成人才输出不符合城市经济发展需要的矛盾，高校的学科设置被同化，城市需求在劳动力不足的同时，大学毕业生的就业结构也存在风险。

第三节　大学治理体系与治理能力的类型分析

伴随着1949年后我国政治、经济和社会体制的历次重大变革，高校也历经了多次重大体制性调整，最终基本确立了“党委领导下的校长负责制”这一公立高校的根本制度。改革开放后，特别是21世纪以来，在政府外部放权以及高校法人制度确立的有利环境下，中国公立高校内部的制度建设取得了显著成效，目前已经初步形成了“党委领导、校长负责、教授治学、民主管理”的现代大学管理体制，有力保证和推动了公立高校的快速发展。

在中国，党对高校的领导是历史形成的，其必然性与合法性同党领导国家、党领导军队存在高度的一致性。1949年后，我国公立高校的重大改革必然首先聚焦于公立高校的领导体制，其核心就是党的政治权力对于公立高校的领导方式和实现形式的制度性变化。政治领导制度是我国公立高校在基本制度设计和现实制度安排方面有别于资本主义国家大学的重要标志。分析和理清当下我国公立高校内部政治领导制度的现实形态，一方面应当从历史分析的角度入手，通过梳理中华人民共和国成立以来公立高校领导体制的变化历程，认清公立高校政治领导制度的制度起源和发展脉络；另一方面则要以党和国家的方针、政策以及现实立法为依据，明确当前党对公立高校政治领导的实现方式和具体形式，明晰公立高校内部党委的组织体系和运行机制。

加强和完善党的领导，一直以来都是我国大学建设和发展的重要任务之一，但从中华人民共和国成立后我国大学的发展历史来看，党对大学的领导关系的确立经历了一个极其曲折而复杂的过程。

第一阶段：从中华人民共和国成立之初的“所有大学一律实行校长负责制”到1958年中央《关于教育工作的指示》提出的“在一切高等学校中，应该实施‘党委领导下的校务委员会负责制’”，再到1961年《教育部直属高等学校暂行工作条例（草案）》正式确立高校实行“党委领导下的校长为首的校务委员负责制”，虽然历经十多年的时间，但是这一阶段取得了一个重要成就，即逐步在高校中确立了党的领导，确立了党组织在高校工作中的核心地位。

第二阶段：这一阶段由于受到“文化大革命”的严重冲击，高等教育成为“文化大革命”浩劫的重灾区。“文化大革命”期间，高等院校大批干部、教授、职工甚至普通学生都遭受到严重的身心迫害，学校管理、学术研究、教学等秩序荡然无存；全国高等院校从1966年开始全面停止招生长达6年，研究生教育被中止长达12年。高校党的领导被否定取代，高校党组织停滞瘫痪，高校内部的实际领导权也为“革命委员会”所接替，高校党的工作受到了严重的破坏和影响。

第三阶段：党的十一届三中全会后，邓小平同志提出在教育战线进行拨乱反正的任务，要求在高等学校尽快恢复党委领导下的校长负责制。不久，教育部在《高等学校暂行工作条例（试行草案）》中明确规定高等学校的领导体制是“党委领导下的校长分工负责制”，从国家政策层面恢复了党对高校的领导。然而，受到改革开放之初西方自由主义思潮的影响，20 世纪 80 年代中后期，党在高校的领导被逐渐淡化和削弱，思想上出现了不同程度的混乱，甚至出现了“党的活动业余化、党的干部兼职化、党的工作义务化和党的作用要淡化”的主张，党对高校的领导出现了变化。

第四阶段：在认真总结和反思 80 年代末政治风波的经验教训基础上，1990 年，中共中央下发了《关于加强高等学校党的建设的通知》，明确了新时期高校党建工作的指导思想、主要任务和工作措施，确定了“高等学校实行党委领导下的校长负责制”这一原则，并在 1996 年下发的《中国共产党普通高等学校基层组织工作条例》中，对高校的领导体制、党组织的设置和职责、党员的教育和管理等方面内容做了进一步的明确。

党对公立高校领导的实现形式同党对国家的领导一样，仍然是通过政治领导、组织领导以及思想领导来具体实现。最新颁布的《关于坚持和完善普通高等学校党委领导下的校长负责制的实施意见》，从管方向、管全局、管干部、管人才以及党要管党等方面，对党领导公立高校的具体内容和工作任务做出了更为详尽的阐述和规定。

首先，党委根据党管干部的原则，按照干部管理权限和有关程序推荐、提名和任免干部，特别是学校的各级党政领导干部；其次，党委按照党管人才的原则，决定学校人才工作规划和重大人才决策，确定各类优秀人才的选拔和培养对象；最后，党委在领导学校工会、共青团、学生会等群众组织和教职工代表大会的同时，通过加强自身组织建设和培养发展党员的方式来发挥基层党组织的战斗堡垒作用和党员的先锋模范作用。党委的主要任务就是确保社会主义核心价值观在高等教育领域的主导地位，领导学校的思想工作、德育工作和文化建设工作，掌控全校范围内意识形态的领导权、管理权和话语权，并对偏离社会主义方向的价值、观念、言论和学说进行教育和纠正。党委把握学校的决策方向，在科学谋划学校发展方向和发展思路的同时，对于事关学校改革、发展、稳定的重大事项和重要制度，对事关教职工切身利益的重要事项拥有最终的决定权；另外，党委还拥有学校内部的重要监督权力，不仅领导公立高校党的纪律检查工作，同时还要对学校的行政工作、学术工作以及相关领导干部进行必要的监督。

党对公立高校的领导需要通过一定的组织体系来实现，按照中国共产党“上级组织领导下级组织，下级组织对上级组织负责”的基本组织关系，公立高校内部党的组织体系也明显表现出金字塔式的“科层制”组织结构特征，而“个人服从组织，下级服从上级，全党服从中央”的组织原则更在功能上强化了这一组织结构。一般来说，公立高校内部的党组织在纵向结构上基本都与学校的行政管理层级相对应，设有学校党委和基层院系党委（或党总支部）两级党委组织，基层党委下设支部；在横向结构上学校党委设置党委书记和若干副书记岗位，同时在学校党委层级内部下设组织部、宣传部、统战部等党委职能部门。公立高校党的纪律检查组织由党员代表大会选举产生，并受上级党委和学校党委的双重领导。

从公立高校党组织的实际运行情况来看，公立高校“应按期召开党员大会（党员代表大会），选举产生党的委员会。党的委员会对党员大会（党员代表大会）负责并报告工作。经上级党组织批准，规模较大、党员人数较多的高等学校党的委员会可设立常务委员会（以下简称‘常委会’）”。“学校党的委员会全体会议（以下简称‘全委会’）在党员大会（党员代表大会）闭会期间领导学校工作……听取和审议常委会工作报告、纪委工作报告。”“常委会主持党委经常工作，主要对学校改革发展稳定和教学、科研、行政管理及党的建设等方面的重要事项做出决定，按照干部管理权限和有关程序推荐、提名、决定任免干部。常委会会议由党委书记召集并主持。”[①] 需要说明的是，公立高校内部院系的日常决策，往往采取“党政联席会议”（“班子会”）的形式，而基层党委书记在具体决策过程中的作用又往往受到院长（系主任）行政权力的制约和限制，其在该层级的实际决策地位无法同学校层级的党委书记相提并论。

一、行政管理制度

我国公立高校内部的行政管理制度既决定于学校外部党的方针、政策，

① 《关于坚持和完善普通高等学校党委领导下的校长负责制的实施意见》，人民网，http://politics.people.com.cn/n/2014/1015/c1001－25842543－2.html.

国家的法律、法规以及政府主管部门的行政规定和具体管理模式，同时也受自身办学类型、办学规模、办学水平、办学传统等主客观因素的影响。由于以上两方面因素的制约和影响，在现实中，相较于“整齐划一”的政治领导制度，公立高校内部的行政管理制度明显呈现出“多样化”的特点。改革开放以后，特别是近十几年，伴随着政府主管部门的外部放权以及欧美大学“学院制”的深刻影响，公立高校为了应对激烈的外部竞争环境对学校内部传统集中管理模式提出的巨大挑战，以“分权”为核心的“学校—学院”二级管理体制在广大公立高校中得到了普遍应用，公立高校内部的权力“重心”，特别是行政权力的重心开始出现明显的“下移”趋势。而权力下移程度的不同，又必然导致不同学校内部行政管理制度的巨大差异。在“党委领导”和“校长负责”的基本制度框架下，以校长为“首脑”的学校内部行政管理系统，普遍表现为自上而下的“直线型”行政权力内部结构和典型的“科层制”组织形式。因此，解析我国公立高校内部的行政管理制度，不仅要在普遍意义上理清行政管理系统的组织结构和运行机制，而且要对现实中存在的内部行政管理制度类型进行必要的归纳和总结。

（一）行政管理系统的基本架构

就目前我国公立高校内部行政管理系统的组织结构而言，金字塔式的“科层制”结构仍然是其基本的组织形式，特别是居于这一结构上方的校级管理层级，按照“校长→副校长→行政职能部门”自上而下的分层结构方式形成学校行政管理的核心组织架构，并形成与这一组织架构相匹配的“校级→处级→科级”的学校内部行政级别体系。公立高校的行政管理人员按照相应的行政级别，被同时纳入层级式的权力体系，进而形成一条上下级之间指挥与服从、命令与执行的权力关系链条，学校内部行政管理的实际运行也体现出一种典型的自上而下的控制和约束机制。特别是从公立高校内部行政管理组织的纵向结构来看，作为学校行政管理基本功能性单位的学院（系），同校级行政系统之间形成了一种类似政府对于公立高校的领导和控制关系，这也是当下中国公立高校内部行政管理运行机制的一个最为主要的特征。校长根据学校行政管理所涉及的具体事务以及其拥有的实际职权，按照一定的职责划分原则对副校长进行分工和授权，副校长依靠校长授权管理相应的行政职能部门，并对职能部门的负责人再次进行授权，行政职能部门直接接受分管副校长的领导，并对副校长和校长负责，其实质是一种以职能为核心的行政权力分配体制，在这一结构中越往上权力越大，越向下则权力越小。

目前公立高校相对自主的筹资体制和学校间竞争性资源配置机制的存在，也从客观上要求公立高校加强校级行政管理的总体统筹能力，这导致了行政权力越来越集中于学校层级的问题。例如，对于国家级科研经费的申请，往往都要以学校统筹的方式来进行，其目的就是避免教师个人的盲目申请和重复申报，进而提高学校整体的项目中标概率，使得学校有可能获得更多的国家科研资助。高校领导干部同政府官员的双向流动性，更从实质上强化了这种类似于政府的官僚制度。首先，从历史因素来看，计划经济体制下，长期实行高度集权体制的深刻影响，作为计划经济最后“堡垒”的公立高校，对于传统的集权体制有着非常严重的制度“路径依赖”，在一定的历史时期内很难彻底消除。其次，从学校外部的制度性因素来看，政府部门对于公立高校的领导和外部干预，使得公立高校内部行政机构的设置方式同上级政府主管部门一一对应。以教育部直属的重点高校为例，学校一般都设有与教育部内设的办公厅、人事司、财务司、科技司、社科司相对应的校办、人事处、财务处、科研处和社科处等内部行政管理机构，其目的就是同上级主管部门形成较为直接和紧密的业务联系，以适应上级政府的各项政策要求。而地方公立高校的情况也同部属高校基本相同，只不过在具体的机构设置上它们一般对应的是本省（市）的教育厅（局）。最后，从公立高校的内部管理需求来看，虽然公立高校内部的官僚体制一直遭到学术界的广泛诟病，高校行政管理的“政府化”和“官僚化”被认为是导致高校内部各种制度性问题的主要原因。但不可否认的是，科层制基础上的官僚体制对于提高现实的行政管理效率有着非常重要的意义和价值。正如著名管理学家韦伯所指出的：官僚组织的精确性、稳定性、对纪律执行的严格性以及其可靠性都明显优于其他类型的组织。因此，科层制的行政组织结构和与之相匹配的官僚体制，仍然在当下中国公立高校的管理实践中发挥着极其重要的现实作用。

（二）内部行政管理制度的主要类型

所谓“校院二级”管理体制是一种“不同于过去行政管理结构的新的管

理体制，其实质是使学校原有的以职能部门为主体的管理模式转变为以二级学院为主体的管理模式，使学院在学校总的目标、原则指导下，真正成为充满活力、相对独立的办学实体，而其根本目的就是要激活内部办学活力，有效地提高教育教学质量和办学效益”。[①]“校院二级”管理体制改革实际上是学校内部权力，特别是行政管理权力的下放和重新配置，以及学校行政职能部门同学院权力关系的再造过程，其核心是在学校与学院间实现适当的“分权”。有学者认为：校院两级权限划分，主要包括事务管理、人事管理和财务收支三方面内容，而与之相对应的也存在三种主要的改革模式：事权下放，财务和人事集中管理的“实质集权模式”；事权和人权下放，财务集中管理的“部分分权模式”；事权、人权和财权都基本实现下放的“实质分权模式”。[②] 不难看出，事权、人权和财权这三种权限不仅是构成公立高校行政权力的主要内容，也是学校日常行政管理的关键领域和核心要素。

在改革开放以前，受到“苏联模式”的深刻影响，高等院校内部教学的基本单位是“系”，系下设“教研室”，而学校内部的科研工作一般都由各类专门性的“研究所”来承担。20 世纪 90 年代中期以后，随着社会主义市场经济体制的逐步确立，中国高校的外部环境也发生了根本性的改变，“原来以专业教学为主设置的‘系’和承担研究任务的‘所’分离设置、各自为战的格局，已经不适合高校的总体战略发展需要，以学科门类或一级学科为标准的学院建制改革逐渐成为高校内部管理体制改革的必然”[③]。因此，与具体的校院二级管理体制改革模式相对应，公立高校内部现行的行政管理制度也基本分为实质分权制度、部分分权制度和实质集权制度三种主要类型。

第一，“实质分权”。这种类型“是一种权责利比较完整统一的划分方式，被认为是比较彻底的校院两级管理体制的改革”[④]。学校不仅将事权和

---

① 伍超：《普通高校实行校院二级管理的认识与思考》，载于《杭州电子工业学院学报》，2004 年第 5 期，第 27～30 页。

② 参见刘亚荣、李志明、韩东平等：《高校校院两级管理模式研究》，载于《教育与经济》，2010 年第 2 期，第 12～15 页。“实质集权模式”“部分分权模式”和“实质分权模式”，在该文中并没有明确提出和详细说明，这是笔者在原文基础上进行的适当归纳和总结。

③ 俞建伟：《学院制改革与高校内部权力结构调整》，载于《现代大学教育》，2001 年第 6 期，第 66～68 页。

④ 刘亚荣、李志明、韩东平等：《高校校院两级管理模式研究》，载于《教育与经济》，2010 年第 2 期，第 12～15 页。

人权下放给学院，更为核心的就是将财务权也基本下放到学院，对于教学、科研、学科建设以及行政管理事务，学院的自主决策权很大。而在为数不多的实行这种校内管理体制的高校之中，武汉大学 2004 年开始的以“校院两级财务管理体制改革”为核心的校院实质性分权改革最具代表性和研究价值。由于这种校院分权模式对于公立高校传统内部行政管理体制冲击过大，同时也因为在具体操作层面需要解决的实际问题过多，所以现实中实行这种模式的公立高校并不多见。

就武汉大学的改革实践而言，“通过预算制管理，学校直接‘分钱’到院，由院系自主‘理财’。院内人员工资、水电费、科研经费、学费收入、小型基础设施建设费等全部划归院系管理分配”。通过改革，学校 70%的经费都由学院来掌握和支配，而“管钱”自然推动了“管事”，学院在学校教学、科研和学科建设方面的积极性和主体作用也得到了空前的调动和发挥①。近些年来，武汉大学在自身建设和发展上所取得的惊人成绩有目共睹。以人才队伍建设为例，2011 年“两院院士”增选，武汉大学以 5 人入选的骄人成绩位列全国高校排名第二，仅比排名第一的北京大学少了 1 人，而对于北京大学来说，这也是 1949 年以来入选“两院院士”人数最多的一年。

不过，在此需要说明两点：一是“校院二级”的管理体制改革不只是单纯的行政权力在“学校—学院”间的重新划分和配置，当然也包括学术权力的两级结构方式和配置机制的调整，然而就实际情况来看，学院作为学校行政管理体系的基本功能单位，行政权力的结构仍然是这种改革的主要方面和核心内容，而学术权力的配置机制往往以学术性组织的创新和改革来具体实施；二是这里所谓的行政管理制度的“现实类型”，更多的是指“校院二级”管理体制而非“校级”管理体制，因为目前我国绝大多数公立高校在校级行政管理系统上并无太大的差异。

第二，“部分分权”。这种类型主要是在学院享有日常事务管理权限的基础上，学校赋予学院一定的决策权，特别是在教师选留、人才引进、职务聘

① 田豆豆：《武汉大学试水“政学分权”》，科学网，http://news.sciencenet.cn/htmlnews/20084171436215232O5477.html，来源：《人民日报》，发布时间：2008−4−17。

任以及津贴分配等方面，学院的权限较大，比如浙江大学的岗位设置、聘任、考核和分配都基本下放到学院进行。[①] 而在现实中，不仅仅是浙江大学，绝大多数的教育部直属重点高校都基本采用这一类型的校院分权管理体制。

第三，“实质集权”。这种类型改变了高等教育发展以前，公立高校内部教学、科研、学生管理等诸多具体管理事务由学校职能部门直接承担的传统管理方式，并将这些事务性的管理工作下放到学院负责的行政管理体制。在这种体制下，学院只是执行和完成学校职能部门规定的管理性任务，事实上并不具有相应的决策权力，也更没有实现对于行政权力的分享。因此，这种事权在下的行政管理制度，本质上还是一种传统高校内部集权管理体制的变形。

在校长负责的基本制度框架下，以校院二级管理体制为基础，实行具有一定分权因素的集中式科层行政管理制度，是我们对于中国公立高校内部现行行政管理制度的一个基本判断。在学校和学院之间具体的分权程度方面，一般来说，部属院校的分权程度要明显高于省属院校，综合性大学的分权程度要高于专门性院校，地处经济发达地区高校的分权程度要高于欠发达地区高校，办学规模较大的大学的校院间分权的倾向往往更为明显。

---

① 刘亚荣、李志明、韩东平等：《高校校院两级管理模式研究》，载于《教育与经济》，2010年第2期，第12～15页。

第三章　“一带一路”沿线国家大学治理域外考察

第一节　“一带一路”沿线国家大学治理概述

近年来，“一带一路”沿线国家[①]高等教育发展迅猛。在全球高等教育研究机构——英国高等教育资讯和分析数据提供商 QS（Quacquarelli Symonds）发布的 2021 年 QS 世界大学排名（QS World University Rankings）榜单中，“一带一路”沿线国家共计有 246 所大学进入世界大学前 1000 强，其中有 77 所大学进入世界大学前 500 强，如新加坡国立大学、南洋理工大学、马来亚大学、马来西亚博特拉大学、马来西亚国民大学、马来西亚理工大学、思特雅大学（马来西亚）、马来西亚石油大学、印度尼西亚大学、加札马达大学（印尼）、万隆理工学院、玛希隆大学（泰国）、朱拉隆功大学（泰国）、菲律宾大学、文莱达鲁萨兰大学、文莱工业大学、印度理工学院德里分校、印度科学

① “一带一路”沿线国家共 65 个，分别是：蒙古国、新加坡、马来西亚、印度尼西亚、缅甸、泰国、老挝、柬埔寨、越南、文莱、菲律宾、伊朗、伊拉克、土耳其、叙利亚、约旦、黎巴嫩、以色列、巴勒斯坦、沙特阿拉伯、也门、阿曼、阿联酋、卡塔尔、科威特、巴林、希腊、塞浦路斯、埃及、印度、巴基斯坦、孟加拉、阿富汗、斯里兰卡、马尔代夫、尼泊尔、不丹、哈萨克斯坦、乌兹别克斯坦、土库曼斯坦、塔吉克斯坦、吉尔吉斯斯坦、俄罗斯、乌克兰、白俄罗斯、格鲁吉亚、阿塞拜疆、亚美尼亚、摩尔多瓦、波兰、立陶宛、爱沙尼亚、拉脱维亚、捷克、斯洛伐克、匈牙利、斯洛文尼亚、克罗地亚、波黑、黑山、塞尔维亚、阿尔巴尼亚、罗马尼亚、保加利亚和马其顿。

学院、印度理工学院孟买分校、印度理工学院克勒格布尔分校、印度理工学院坎普尔分校、印度理工学院鲁尔基分校、德里大学、印度理工学院古瓦哈提分校、巴基斯坦工程与应用科学学院、伊斯兰堡国立科技大学、国立哈萨克大学（哈萨克斯坦）、国立欧亚大学（哈萨克斯坦）、南哈萨克斯坦州立大学、沙里夫理工大学（伊朗）、阿米喀布尔理工大学（伊朗）、沙特阿卜杜勒阿齐兹国王大学、法赫德国王石油与矿产大学、沙特国王大学、哈里发大学（阿联酋）、卡塔尔大学、阿联酋大学、贝鲁特美国大学、苏丹卡布斯大学（阿曼）、开罗美国大学、科奇大学（土耳其）、耶路撒冷希伯来大学、特拉维夫大学（以色列）、以色列理工学院、本古里安大学（以色列）、雅典国立科技大学（希腊）、塞浦路斯大学、莫斯科国立大学、新西伯利亚国立大学、托木斯克国立大学、鲍曼大学、莫斯科物理技术学院、莫斯科核子研究大学、托木斯克理工大学、喀山联邦大学、俄罗斯友谊大学、圣彼得堡国立信息技术大学、圣彼得堡理工大学、俄罗斯国立科技大学、哈尔科夫国立大学（乌克兰）、白俄罗斯国立大学、雅盖隆大学（波兰）、华沙大学（波兰）、布拉格化工大学（捷克）、布拉格工业大学（捷克）、塔尔图大学（爱沙尼亚）、维尔纽斯大学（立陶宛）、贝尔格莱德大学（塞尔维亚）等。[①] 较之 2020 年 QS 世界大学排名，进入世界大学前 500 强的高校，“一带一路”沿线国家新增 16 所大学，进入世界大学前 1000 强新增 29 所大学。

“一带一路”沿线国家大学的发展离不开其良好的大学治理体系。纵观“一带一路”沿线国家的大学治理，主要分为以下几种模式和类型：

东南亚国家如新加坡、马来西亚、印度尼西亚等国，在大学外部治理方面实行大学公司法人化，大学从法定机构转型为非营利公司，经费来源多元化，政府采取政策协议、绩效协议方式和质量保障机制来强化对大学的问责；在内部治理方面采用校、院、系三级管理模式，大学董事会、校长及教授委员会（评议会、校务咨询委员会）及各学院院长组成了大学的内部管理机构，其领导体制为董事会领导下的校长负责制。突出教授治学，力推学术共治（academic collegiality），以期达到大学自治的效果。

南亚国家的典型代表主要是印度和巴基斯坦。以印度的大学为例，在外

---

① https://ranking.promisingedu.com/qs，2020 年 7 月 28 日访问。

部治理方面主要依靠政府、市场和社会的共同参与及配合。其中，政府的角色是大学办学活动的宏观调控者、资金提供者和行政干预者；企业、校友等社会力量则是高校的全面合作者和支援监督者；大学各分校则是协调高校内外部关系的利益相关者。此种“三角协调”宏观自治模式，能够充分调动各利益相关者深度参与大学治理，进行利益博弈和权力制衡。在内部治理方面分为三个层级，第一层级是视察员（Visitor）和校长（Chancellor）；第二层级是大学理事会（Council），为统管大学各分校的中央机构，是协调大学办学活动的最高组织；第三层级是分校管理委员会（Board of Governors）和评议会（The Senate），分别负责分校的行政管理和学术管理。其基本特征表现是：在外部治理方面，最大限度地克服行政权力对学术权力的干预；在内部治理方面，坚持“学术本位”，三级管理层级并非真正意义上的上下级关系，视察员务虚位，权力重心真正下移到底层的分校管理委员会与评议会。巴基斯坦的大学，在外部治理方面，采取中央与地方双头管理模式。巴基斯坦政府沿袭英国殖民时期的大学拨款委员会（University Grants Commission）这一机构设置，并于2002年将其改造为“高等教育管理委员会”（以下简称“高教委”），负责全国高等学校的管理工作。在高教委对新设立的大学进行评估并提出建议后，大学辖区所在政府才能对大学颁发特许权状，进行正式办学授权。只有得到特许权状的大学才具有合法办学资质。除了个别情况，大部分巴基斯坦大学采取的都是“属地管辖”原则。换言之，联邦高校位于联邦政府直辖区内，由联邦政府管理并授权，首都伊斯兰堡地区的公立高校校长由巴基斯坦总统担任；地方省属高校则位于各省，由省政府管理并授权，公立学校校长通常由本省的省长担任。巴基斯坦的大学在内部治理方面，以附属学院为办学实体单位。附属制大学系近代英国伦敦大学的办学体制，现在是巴基斯坦大学的基本形式，附属制大学的典型代表是旁遮普大学，它开创了巴基斯坦附属制大学办学体制的先河。大多数高校都采用学院办学、大学授予学位的形式来组织其高等教育活动。

中亚五国的大学，虽然自苏联解体以来一直在推进分权，但在高等教育管理方面权力仍然高度集中。尽管对实施自治以更好地满足市场经济的动态需要的呼声日益强烈，但通常各类教育问题的最终决策权仍掌握在中央政府或州政府手中。其政府对大学的管控程度要求远远高于西方社会和亚洲其他国家，但由于政府经费有限而不得已削减开支，每当牵涉到拨款的具体事项时，政府又常常不得不鼓励民间资本进入大学教育。此种管理模式在某种程度上限制了中亚五国大学的发展，尽管近年来中亚五国开始推行高等教育国际化措施，包括引进世界名校到本国开设分校，但依然未能彻底改变高等教育发展的僵局。

中东地区国家的大学治理模式具体可分为政府主导型和社会参与型两种。其中，政府主导型模式表现为由国家全面负责大学的管理工作。譬如，国家作为大学的出资人及主要利益相关者，直接负责大学的筹备、建设工作，大学也就自然而然地成为国家财产的一部分；同时，国家负责大学教师的选拔、培训工作以及课程的设置等。政府主导型高等教育发展模式有利于集结资源，加快大学发展速度，因此这一模式在中东国家被广泛采用，成为中东地区大学发展的主导模式之一，代表国家主要有埃及、土耳其、伊朗。以伊朗的大学治理为例，在内部管理方面，校长的选任充分体现了伊朗大学的“讲政治”。大学校长不是由学校选举产生的，而是由高等教育部任命，副校长则是由校长任命。而且，在正副校长的遴选上，教授均无发表意见的资格和权利。大学校长的学术背景及其研究水平都不重要，在十多年前，有些大学的校长甚至还是副教授。教授们对此做法甚为不满。伊朗的大学校长仅负责校内的管理事务，没有融资的责任。伊朗所有的公立大学的经费均由国家财政拨款。伊朗大学的校务委员会由校长、副校长、教务处处长、科研处处长、研究生处处长、大学生处处长、文化与社会处处长、资源发展与管理处处长、财务处处长、行政处处长、医疗处处长等组成。法基赫（教法学家）监护代表在伊朗所有的大学均设有办事处，其主要职能是负责政治思想教育及宗教活动的管理。大学专业委员会则由教育委员会、研究委员会、大学生委员会、完善求学委员会共同组成。其成员往往由资深的教授、专家担任。各系的主任则由大学校长聘任。系主任在系科学小组成员中选择教导员、财政和管理主任、大学生辅导员，在学校分管领导同意的情况下将相应的教学、研究、财政、管理的责任交由他们负责。同时，根据大学章程，大学在各系组建学术委员会。学术委员会负责在系内研究制订教学和科研计划，在各个小组之间的科学教育活动中，讨论科学小组研究的方案、招生计划等。社会参与型模式以西方文化为内核建立现代高等教育体系，注重高校自治，强调社会力量的参与，以黎巴嫩、以色列为代表。黎巴嫩、以色列的大学教育发展在中东地区具有一定的特殊性，西方文化在这两国的文化内核中占据重要地位，两国较好地保留了西方大学教育的核心理念，切实加强大学自治，从而为社会力量的广泛参与提供基础。而两国在大学教育的具体发展中又各具特色：黎巴嫩依靠西方教会学校建立起大学教育体系，以色列则是通过立法来保障大学的独立性。无论采取何种方式，其所达到的效果一样，即确保了大学管理不会受到政府方面过多的干预，从而保证了大学自治。黎巴嫩的高等教育体系是在西方教会大学的支持下建立的，黎巴嫩政府未进行过多干涉，故黎巴嫩形成了以私立大学为主体的高等教育体系。以色列建国后虽同样采取的是社会参与型高等教育发展模式，但其大学发展路径与黎巴嫩截然不同。1948 年以色列建国后，在“教育立国”理念的引导下，大力发展高等教育，兴办大学，并为大学的发展提供了充足的资金、政策及人力支持。以色列大学发展虽然由政府主推，但是政府在其发展中充分尊重大学自治，并通过立法方式来保障大学的独立性与自主权，从而形成了独具特色的社会参与型大学发展模式。

独联体国家中，俄罗斯的大学治理模式在一定程度上是由大学与国家（政府）之间的关系类型决定的，同时也受大学内部运行的机构要素制约。俄罗斯的大学存在较强的纵向（行政）控制和较弱的横向（学术）控制。而这种权力分配在很大程度上是国家学术市场的衰弱和机构之间教职流动性低造成的。不过，在过去十年里，传统以教席主导教学为核心的治理模式正随着许多支持教职工参与研究的政策的出台而悄然发生改变。以俄罗斯国立研究大学经济学高级学院为例，该校近年来实施了基于学术治理的新的控制和分配机制，着力摆脱传统的低效率治理模式。乌克兰高等教育体系在很长一段时间与苏联一样——集权、官僚主义且大学本质上几乎没有自治。随着 1991 年乌克兰获得独立，乌克兰教育迅速发展。2014 年乌克兰颁布了新《高等教育法》。该法第三十二条规定自治是高等教育机构工作的基本权利及原则。该法赋予大学自治权，大学可以自行决定教学形式和教育组织形式；可以自行选择国际标准的学士和硕士学位授予的项目类型；以及对资质认可做出最后的决定，包括建立对等的大学学位和学术头衔。该法生效后，大学有权利自行引入教育评级评估系统，研究和创新教育系统，独立拟定和实施自己的教育、科学、科技和创新活动计划。尤其是在 2014 年新《高等教育法》颁行之后，大学可以通过协议方式联合其他大学、科研机构以及其他合法机构共同举办活动，组建他们的学术、研究和企业培训机构和组织。同时，大学获得了更多的经济权利，它们可以依照法律和大学章程来开展财务、业务和其他活动，可以自主安排预算支出（无论是公立还是私立院校），特别是可以自由安排付费服务的收入用来支出，也可以在银行开户，以及从事其他与乌克兰法律不冲突的活动。

东欧剧变后，伴随着中东欧国家积极融入欧洲一体化进程，中东欧大学教育也开始了一场深刻的变革。各个国家积极参与欧洲高等教育学区的创建，进行了一系列教育改革，并取得了一定成就。以波兰为例，波兰自 1945 年起即开始实行中央集权的高等教育管理体制，大学的管理权和办学权被置于国家的严格控制之下，虽然转型后历经两次高等教育改革，但并没有从根本上改变中央集权的大学管理体制。为全面推进高等教育体制改革，波兰政府于 2018 年 7 月出台了《高等教育与科学法 2.0》（*Higher education and Science Law* 2.0），亦称《科学宪法》（*Constitution for Science*）。根据《科学宪法》精神，波兰新一轮大学治理体制改革的基本原则是：扩大大学自治权限，增强大学内部治理能力；彻底解决大学治理行政负担问题，简化政府对大学的监管规则，最大限度消除繁文缛节；建立多利益相关者共同参与的大学治理委员会，实现大学共治；推动学术评价向全球开放同行评审，提升质量和影响，实行代表作评价模式。另一代表国家捷克于 1990 年颁布了《高等教育法》，明确界定了教育部和高校在高等教育管理中的职责权限，规定了高校自治的权限范围和方式，对高校经费划拨与管理、学位项目管理、教学人员管理、学生管理、教育评估等做出了详细规定，具有较强的可操作性，为规范高等教育管理提供了法律保障。大学在运行过程中，各个管理层级基本上做到了依法管理。捷克教育部在做出有关大学改革、管理方面的重大决策前都要同大学委员会和大学校长联席会进行广泛而深入的讨论，大学内部也依法采取民主决策的方式，如发展规划、人事管理、财务预算与管理、管理规章制度的建立与废止等重大问题必须通过学术理事会的审议并以投票表决的方式通过方可生效。此外，鉴于捷克公立大学均以“大学科”的思路来组建学院，将相关性较强的学科划归同一个学院，该国依法赋予学院相对独立的办学自主权。匈牙利早期的大学治理是以政府集权管理为方向，21世纪以后，匈牙利大学教育则是以“博洛尼亚进程”[①] 为目标、国家法律和监督机制为保障进行的国际化发展。为确保大学教育质量，匈牙利依然保留了学院和大学在副教授与教授任命上的区别，并且大学教授仍由总统任命，而学院教授也继续由总理任命；在高校管理权方面，2005年颁布的《高等教育法》明确规定增加各高校的办学权利，包括其在自身运作、教学、科研活动以及内部管理章程制定等方面拥有决策权；同时，该法赋予所有高校相当大的财政独立性，并成立专门的经济理事会以保障大学财务的管理和运作；在大学教育质量评估方面，《高等教育法》对匈牙利认证委员会（Hungarian Accreditation Committee，简称HAC）的职能进行明确界定，规定为：“HAC是匈牙利独立的、唯一的专家组织，负责评价大学教育教学、科学研究和艺术活动的质量，并且检查、督促大学战略规划的进展。”有效的质量监督与保障是匈牙利大学持续不断发展的重要动力，HAC作为匈牙利大学教育质量监督保障机构，在其发展过程中不可或缺，而且在多年的监督保障过程中，HAC在积极开展匈牙利高等教育院校认证的同时，也对大学发展的各个环节进行质量评估，以保障匈牙利大学能够不断向前发展。

第二节　“一带一路”代表性国家的大学治理体系比较分析

QS世界大学排名将学术声誉、雇主声誉、师生比例、研究引用率、国际化作为考核标准，以对全球的大学进行排名。根据最新发布的2021年QS世界大学排名，“一带一路”沿线国家进入世界大学前1000强的学校个数较

---

① “博洛尼亚进程”是29个欧洲国家于1999年在意大利博洛尼亚提出的欧洲高等教育改革计划，该计划的目标是整合欧盟的高等教育资源，打通教育体制；促进欧洲各国学生流动，消除流动障碍；提升欧洲高等教育吸引力；建立统一的欧洲高等教育框架。“博洛尼亚进程”的各签约国希望：到2010年，各签约国大学生的成绩和毕业证书都可以获得其他签约国的认可，实现欧洲高等教育一体化，建成“欧洲高等教育区”（European Higher Education Area），进而实现真正意义上的欧洲教育一体化。纵观近十年来的发展情况，“博洛尼亚进程”基本实现了如下目标：建立起了欧洲高等教育区；建立起了清晰透明和可比较的学位制度；实行了学分制；实现了学历、学位、学分的互认；建立起了高等教育质量保障体系；终身学习的理念得以贯彻等。在“博洛尼亚进程”的影响下，欧洲各国的私立高等教育也得到了长足的发展。

多及排名靠前的国家主要有新加坡、马来西亚、印度尼西亚、菲律宾、泰国、印度、巴基斯坦、伊朗、沙特阿拉伯、阿联酋、黎巴嫩、以色列、土耳其、哈萨克斯坦、俄罗斯、乌克兰、波兰、捷克、斯洛伐克、匈牙利、斯洛文尼亚、爱沙尼亚、立陶宛等。大学的发展通常离不开良好的大学治理体系，本节拟对“一带一路”沿线代表国家的大学治理体系进行简要介绍和比较分析。

一、新加坡大学治理体系

为应对知识经济和全球化的挑战，新加坡政府采用“集权化的分权”管理模式对其大学进行改革，即一方面增强政府在大学中的权威性，使大学的发展与国家的发展保持一致，让大学为社会经济和国家的发展助力；另一方面又通过积极引入市场竞争机制，实施与国外著名大学联合办学、项目合作和大学资金来源多元化等战略，加强大学的独立性、自主性和灵活性，[①] 以不断提升其大学的管理水平、教育与科研能力以及国际上的影响力。2020年，新加坡国立大学（National University of Singapore）与南洋理工大学（Nanyang Technological University）在QS世界大学排名中分别跃升至第11名和第13名，在泰晤士高等教育（Times Higher Education，简称THE）世界大学排名中，新加坡国立大学与南洋理工大学也雄踞亚洲大学榜首。

（一）外部治理结构

新加坡大学治理改革的核心即不断完善学校外部治理结构。为积极应对经济全球化的挑战，新加坡政府通过“集权化的分权”管理模式来改革其大学外部治理结构，从而实现相对集权与绝对分权的有机结合，具体表现为大学公司法人化，办学经费来源多元化及办学自主化，详述如下。

---

① 林国治、蒋洪池：《新加坡大学治理改革述评》，载于《石油大学学报》（社会科学版），2005年第6期，第109～113页。

1. 大学公司法人化

早在2005年，新加坡政府就采纳了“大学自治、治理和拨款督导委员会”的建议，公布了《大学自治：迈向卓越巅峰》的报告。该报告赋予新加坡国立大学、南洋理工大学和新加坡管理大学三所高校自主权，并提出由教育部成立“大学自主指导委员会”来监督大学相关政策的制定和经费的管理，以及鼓励、培养大学的主人翁意识。[①] 这一改革的重心就是将新加坡国立大学和南洋理工大学此前的法定机构地位（Statutory Board），改变为非营利有限公司（Not-for-profit Company），高校不再仅仅属于政府，而是属于包括政府、教职工、学生、校友和捐助者等在内的利益相关者。

上述改革弱化了政府对大学的控制，进一步强化了大学自治，并进而确立了大学与政府之间的新型关系。政府由原先的直接的管理和领导身份转变为宏观的外部监督者，只要大学能够很好地与国家和经济发展目标相契合，政府则尽量避免对大学过多干预。新加坡教育部委任大学的董事会成员，但教育部让高校自己决定其最合适的内部管理结构。

同时，新加坡教育部与大学签订政策性协议、绩效协议并建立大学质量保障体系。其中，签订政策性协议系以确保新加坡教育部为大学拟定战略方向和指导，划定大学自主的范围。政策性协议通常由两部分组成，第一部分列出教育部对高校发展战略远景和总体发展规划的要求，为高校自己制定具体目标提供指导原则，第二部分列明高校要获得教育部拨款需要执行的主要政策指标。绩效协议则是由大学自己制定，报教育部认可，列明未来五年内学校在教学、研究、服务和机构发展方面拟取得的成就。绩效协议除概述战略发展目标和预期效果外，还需详列大学每个战略目标的具体目标和主要绩效指标。大学质量保障体系则是要求提供大学责任制具体落实情况反馈，从而完善绩效协议的内容。高校必须首先开展自评，向新加坡教育部提交年度自评报告，并接受由教育部安排的校外评估团的外部评估。新加坡通过制度安排以确保政府的拨款能够被合理正确使用，从而确保大学的发展与国家的发展目标相一致。

---

① Ministry of Education. 2005. Autonomous Universities: Towards Peaks of Excellence. Preliminary Report of the Steering, committee to Review University Autonomy, Governance and Funding. Singapore: Ministry of Education.

2. 办学经费来源多元化

在办学经费来源方面，新加坡政府彻底改变了过去仅由政府独立提供大学办学经费的做法，允许高校通过校友会以及同社区、社会合作等方式筹措办学经费，使大学的经费来源多元化。与之相适应，高校可独立自主地使用办学经费。以南洋理工大学为例，该校的经费来源就有两个渠道：一是政府直接拨款，这是办学经费的主要渠道；二是来自社会资助与学费收缴。学校通过加强与工商业、校友以及社区的横向联系，以获得企业、校友的款项捐赠甚至地方政府、慈善基金会的捐款，以及通过提供校园付费服务及学费收缴等方式增加收入。

3. 办学自主化

新加坡高校在办学自主化方面体现为自主招生、自主收缴学费、自主聘任教师、自主进行资金运用等。自 2006 年以来，新加坡高校可自行确定学生入学标准，自行确定教师的聘任、自行开设所需专业和开办与停办课程、自行确定学费标准，自行安排办学经费的使用，自行确定教职员工的薪酬标准等。

（二）内部治理结构

1. 内部组织架构清晰、简化

新加坡高校的领导体制表现为董事会领导下的校长负责制，采取的是校、院、系三级管理体系。其中，董事会是大学的立法机构，校长仅是执行者。校长须依靠教授委员会（含评议会、校务咨询委员会）和各学院院长进行行政管理与学术决策，并向董事会负责。以南洋理工大学为例，大学董事会、校长、教授委员会及五大学院院长共同组成了南洋理工大学的内部管理机构，如图 3−1 所示。大学实行校、院、系三级内部管理模式，最终实现行政、学术两权分开，从而使行政权力与学术各司其职，相辅相成。并且，行政机构部门也较少，不足 5 个，各学院的行政人员也仅占教师总数的 10%。由此我们可以看出，南洋理工大学建立起了较为合理的领导体制和决策机制，并充分实现了学术自由的大学精神，进而形成了高校行政权力与学术权力的合理分离与有效契合。

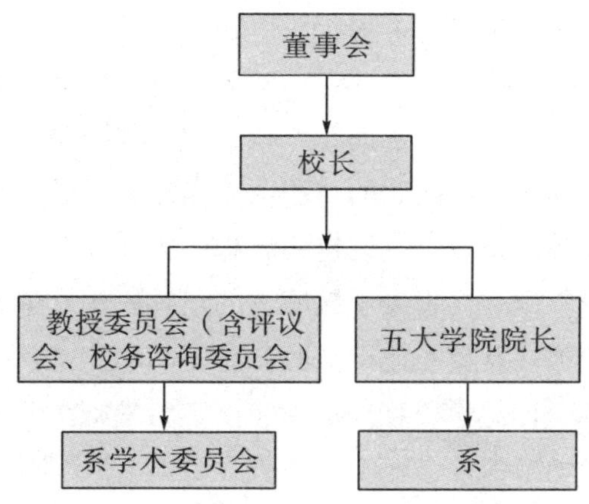

图 3－1 南洋理工大学内部治理结构

2. 运行机制高效、灵活

新加坡高校实行的是校、院、系三级管理模式，但大学内部运行机制的重点是学院制管理。从整个大学内部治理方式上看，呈现上轻下重的态势，高校内部的教师遴选、学位授予、科学研究、教学运行等都由各学院自行决定，大学的管理重心下沉至各个学院。学院制管理的特征主要有三个方面：一是自主性。学院作为独立的办学实体，具有经费自主使用权和人事录用的自主权利。二是特色性。各学院所辖专业、学科优势明显、特色鲜明，能够代表该大学的品牌形象。三是学院内学科群优势明显。以南洋理工大学工学院为例，该学院共有 15000 名学生，1700 名教职工，是全球规模最大的工程学院之一，该学院同时拥有化学与生物医学工程、计算机工程、土木与环境工程等专业，能够提供跨学科、综合性的学术研究和专业课程，尤其是近年来在宇宙航天、智能机器人研究方面表现不俗。

3. 教授委员会运行良好

教授治学最初强调的是教授行使治学术、治学科、治教学等学术权力，但是近年来，教授治学不再仅限于行使学术权力。以南洋理工大学为例，该校的教授委员会除了行使学术权力，还积极参与学校的民主管理，具体表现为：一是教授委员会行使表决权。教授委员会均由全职教授组成，其主要职责是对重大学术决策及学校重要行政决定进行表决，包括对学校发展的战略规划、学术研究等重大政策方面进行表决及并给予意见反馈。二是评议会行使决策权。评议会通常由教授委员会选举产生，并代表教授委员会与校长商议学校有关行政决策与学术决策等相关事宜，评议会的职责包括对学校财务的支出、预算、终身教授资格的评定、考核等进行决策，对校长与董事会负责。三是校务咨询委员会行使咨询建议权。校务咨询委员会亦由教授委员会选举产生，成员由具有终身教职的、资深的正教授组成，为学校校长或教务长提供日常咨询、政策指导，议题包括教师的委任、晋升和任期审查以及创建新的学术项目等。作为代表大学教职工的正式机构，学术参议会对教职工在学术管理上起着独立且具有建设性的作用。其职能是负责确定和讨论学校层面和跨学院的事项，对学校管理提出建议；为教师和学校管理层提供一个学术讨论的场所。学术参议会还下设“教育委员会”“学术治理委员会”“教师发展委员会”“大学发展委员会”等，及时反映学校教育中存在的问题，为学校的教育教改提供政策咨询和决策依据，并向管理层反映有关教职工职业发展的情况。

4. 人才激励机制不断完善

新加坡高校在教职工管理上采用较为灵活的人力资源管理模式，实行完善的薪酬体系与奖惩制度以及精确的业绩评价体系等。以南洋理工大学为例，该校教职工实行全员合同制，对教师每三年进行一次考核评估，根据不同系列教师的岗位要求，其考核指标权重有所差异。教授、副教授、助理教授的考核在教学、科研、服务上的权重分别为 5∶5∶2；讲师的考核在上述三项指标上的要求为 8∶2∶2；研究人员的考核在三项指标上的要求则为 2∶8∶2。并且，副教授在六年内升不上教授要被解聘，讲师在九年内升不上副教授也要被解聘。南洋理工大学教职工的薪酬由基本工资和绩效工资两部分组成。绩效工资是根据个人年度考核结果，每年确定一次，是可变的，随学校的经济收益而定，标准通常为本人 0～1.5 个月的月薪。[①] 南洋理工大学实施的考评和激励机制可以让教师以更加负责的态度投入教学科研工作。

二、马来西亚大学治理体系

马来西亚在国家主义与新自由主义思想的影响下，从国家战略的高度对

① 李晨辉、刘雯华、高媛等：《南洋理工大学教师队伍建设经验与启示》，载于《中医教育》，2013 年第 1 期，第 69 页。

国家公立大学进行了自治改革，包括推行公立大学企业化改革，建立特殊类型高等教育机构，提升大学人力资源的能力水平，加强质量保证机制建设等举措。经过大学自治改革，马来西亚的大学教育理念发生了转变，政府与大学之间的关系也得以重塑，政府由管理者变为监督者和拨款者，同时，大学内部治理结构进一步完善，办学自主权进一步扩大，马来西亚大学的管理与建设呈现出一些新气象。2020 年，根据 QS 公布的亚洲大学排名，有 5 所大学位列前 100 名，分别是马来亚大学（第 13 名）、博特拉大学（第 33 名）、马来西亚国立大学（第 39 名）、马来西亚理工大学（第 46 名）、马来西亚石油大学（第 82 名）。同时，还有 13 所大学排名进入亚洲前 250 名，分别是泰勒大学（第 109 名）、马来西亚大学（第 116 名）、思特雅大学（第 119 名）、马拉大学（第 122 名）、马来西亚彭亨大学（第 134 名）、国际伊斯兰大学（第 140 名）、多媒体大学（MMU）（第 170 名）、马来西亚管理与科学大学（第 179 名）、拉曼大学（UTAR）　（第 181 名）、国家能源大学（UNITEN）（第 195 名）、马来西亚玻璃市大学与沙巴大学（UMS）（并列第 211 名）、砂拉越大学（UNIMAS）与马来西亚登嘉楼大学（UMT）（并列第 243 名）。马来西亚大学的新气象得益于其大学治理体系的现代化，其也形成了鲜明的特色，现分述如下。

（一）政府对大学从控制转向监督

1971 年前，受英国高等教育管理思想影响，马来西亚大学一度享有一定程度的自治权，但 1971 年马来西亚《大学和大学学院法》的颁布改变了这一切，马来西亚高等教育转为由政府高度控制，具体表现在：一是马来西亚政府自上而下（国家元首、教育部部长、大学委员会、大学评议会、校长等）对高等教育施行层级管理；二是政府全方位直接控制高等教育。马来西亚政府直接控制大学的投入、生产和产出过程，全面控制大学教育系统，包括高校的建立、学生的入学资格、学校资产及财务管理、教师与学生管理等。马来西亚政府的高度控制使大学失去自主性和灵活性。

但是，1995 年后，随着马来西亚政府先后两次对该法案进行修订，逐步放权于大学，马来西亚大学的管理模式产生变革。1995 年马来西亚对《大学和大学学院法》的修订是政府从控制模式转为监督模式的标志，其发生的重大变化是开始强调大学自治，并逐步分权于大学。① 在学校内部管理结构及其职责方面，修正案第一条规定："原有的最高决策机构——大学委员会将被大学董事会取代。"同时减少政府人员在大学董事会中的人数，赋予大学董事会更大的权力，修正案第四条后增加一款规定："在获得财政部批准的基础上，大学董事会确定有利于大学发展的营利性活动，大学有权借款、出租或转售资产、设立公司并享受收益。"修正案减少了大学评议会人数，修正案附则一第十七条明确规定："将大学评议会的人数从近300人缩减到40人。"由此可见，马来西亚大学被赋予了一定的自主权。

2008年通过的修正案使得大学自治理念得到进一步贯彻。② 其中，对教育部部长的职权修改为："对于个人或团体的聘任，高等教育部部长的意见仅是建议性的；高等教育部部长对高校的发展发挥辅助、支持的作用。"大学内部工作人员的性质由原先的高校工作人员全部修改为雇员；在高校内部管理结构及其职责方面，针对高校董事会的职责和权力，在修正案附则一第十六条后增加规定："高校董事会应承担以下责任：为学校发展提供战略性的规划；推动学校进行有效的管理；提高学校与社区、企业部门和行业间的联系；促进学校国际化和全球化；确保学校内部各部门在其职权范围内行使各项权力。"此外，2008年修正案赋予高校董事会更多的职权，包括有权成立有助于履行其职责的相关委员会，并有权推选和任命委员会主席等。

（二）公立大学办学企业化

《大学和大学学院法》（2008年修正案）第七条对大学的性质修改为："大学应被视为公司法人机构，所有高校要实现企业化，高校应按照企业模式进行运作，也可建立自己的公司。"

根据2008年修订的《大学和大学学院法》，实行企业化的公立大学可以借助各种渠道增加其财政收入，包括收取学费、扩大招生人数、加强与工商业的联系（如借贷，开办企业、公司以及购买和持有所投资公司的股票等），

① Parliament，Malaysia. Universities and University Colleges (Amendment) Act 1995. Kuala Lumpur：Government Printer.

② 同上。

提供专业培训课程、咨询服务和社区服务等，以促进财政收入来源的多样化。[①] 但需要注意的是，马来西亚公立大学企业化改革并非全面的企业化改革，政府仍发挥主导作用，并为大学的新项目（包括昂贵的资本项目）提供发展资金，而大学则是自主筹措其大部分运营经费。

马来西亚大学的企业化改革在改变其公立大学经费结构的同时，也带来了公立大学治理方式的改变。以马来西亚理科大学为例，企业化改革后，该大学新的治理结构如下：（1）董事会，由 8 名成员组成，即主席、副主席、1 名地方社区代表、2 名政府代表、3 名私营部门人员。董事会是学校的最高权力机关，负责决定学校的发展战略及发展方向。（2）评议会，由董事会副主席担任主席，成员包括副主席、中心的院长、董事以及副主席委任的教授。这种组织结构相应缩减了教师代表的人数。如此设置，董事会主席和副主席等人员获得了较大的决策权，使得大学的运营更像一家大型企业，此种新的治理模式将有助于提升大学内部行政与管理的效率。

（三）以董事会为核心的大学领导层

马来西亚《大学和大学学院法》（2008 年修正案）明确规定要建立法人团体性质的大学，构建以董事会、评议会和校长为核心的领导层，集中负责领导和管理高校，取代之前的大学理事会，该修正案还明确规定了三者各自的岗位职责。其中，大学董事会是公立大学的主要负责机构，需在兼顾国家利益和大学自身目标的前提下，与大学的其他管理部门共同为学校制定战略目标，明确其战略发展方向，监督各相关机构的绩效与风险，储备后备干部以及管理学校领导的聘任、解聘和连任等事宜。大学评议会是学校的学术机构，其主要职责是负责管理大学的教学、研究和考试，以及授予学位、文凭、证书和其他学术资格等。[②] 凡未获得评议会允许，大学董事会无权干预评议会权限范围内的任何事宜。校长则是学校的具体负责人，全权负责学校

① Ka Ho Mok. 2007. “The Search for New Governance：Corporatisation and Privatisation of Public Universities in Malaysia and Thailand.” Asia Pacific Journal of Education , 27 (3): 271～290.

② National higher education strategic plan. http ://www. moe. gov. my/en/pelan－strategik－pengajian－tinggi－negara.

的行政事务。

为了提高公立大学领导层的整体素质与效能、实现政府期望的高等教育转型目标，政府和高校非常重视领导层领导力的建设与提升。一是对校长等关键领导职位严格把关，强调聘任流程规范化与制度化，要求公开招聘、择优录取、竞争上岗、优胜劣汰。二是注重干部培训及后备干部培养。众所周知，校长的领导力及其理念、愿景和激情等，是一所大学发展的重要影响因素，大学在一定程度上会体现校长的个性与气质。值得一提的是，马来西亚于 2007 年创办了高等教育领导力学院，专门负责培训高校的领导层和后备干部。同时，一所大学稳定而健康的发展，也离不开领导层的稳定。为了确保每次换届的顺利过渡，政府通常会要求学校提早发掘及确定候选人，并预先安排其进入高等教育领导力学院进行培训。而卸任后的具有领导经验的人员信息也会进入专门的领导通道，如有需要，其可随时被派遣到其他大学工作。

（四）加强学校一级的人事管理权力

在马来西亚，原先公立大学所有教师和辅助人员均属于公务员系列，大学的人事安排均须接受政府管理。但随着公立大学自治改革的推进，学校一级的人事权得到进一步增强，高校在设计其人事结构方面取得了一定的自主权。马来西亚相关法律还严格规定，在院长或副校长事先不知情或未予以书面批准的情况下，教师不得接受任何其他机构的聘用，在其他学术机构从事教学、研究或在私营企业内提供服务活动。但教师可以参加学术会议，提交学术论文或在学术机构召集的专业会议和学术集会上公开发言。通常情况下，教师在学术会议中发言主要由所在学院和部门负责。

马来西亚公立大学在自治改革之后发生了一系列变化，例如，教师的学术自由权得到更好的保障，学校收入来源愈来愈多元化，学校的人事自主权进一步加强。以往较为封闭孤立的公立大学的视野拓宽了，马来西亚的大学开始更为主动地关注和重视时代、社会、经济、文化、人的发展，这也使马来西亚大学的人才培养模式不断优化，大学可以根据多方利益与需求自主培养人才。

（五）进一步推进学术共治

公立大学自治改革后，马来西亚更为重视通过改进相关措施以提高公立大学学术自由的程度。总的来说，马来西亚公立大学内的个体自治（individual autonomy）是通过发展共享的文化、价值和使命，建立信任，开放获取信息的需求，对决策和绩效持续反馈等方式来实现，也就是说，个体自治需要通过教师参与咨询委员会、工作组和任务小组等方式来实现。

学术共治（academic collegiality）则表现在学者在教学与研究方面享有自由，这也是马来西亚公立大学共治的主要内容。一方面，马来西亚公立大学的教师在教学事务上享有完全的自由。另一方面，马来西亚公立大学创设许多机制来确保大学内学术自由的实现，而且关于任期、解聘、晋升、学生教育过程和活动的决策制定均是以教师的共识为基础的，但是，此类决策必须呈送相关的大学委员会（例如大学评议会等）批准。目前，马来西亚政府尚未正式颁布关于学术自由的规范或指引，大学教师在学术研究方面拥有较大的自由度，但也不排除会出现个别教师滥用学术自由的情况。鉴于此，大学行政人员会建议教师在向公众发表自己的观点时应基于客观事实，并保持自身的专业性。如果涉及开展新的教学内容与学位项目，则大学必须呈报马来西亚高等教育部批准，譬如牙科学、药剂学、医学等重要学科，其开设课程内容也需要获得高等教育部的许可。由此看出，马来西亚政府对于公立大学亦并非完全放手不管，换言之，政府在学术内容方面仍保留一定程度的发言权。

三、印度大学治理体系

作为新兴市场国家，印度的高等教育发展令世界瞩目。作为国家崛起的制胜法宝之一，大学教育长久以来一直深受印度政府重视。印度政府认为，大学教育能否实现现代化，大学治理模式的改革是重中之重，这关系到印度大学教育扩张（expansion）、公平（equity）和卓越（excellence）“3E”目标能否实现的问题。《印度高等教育：2030 年愿景》提出，进一步强化政府的宏观调控职能，扩大中央政府对邦教育管理机构的授权，进一步规范市场调节作用，加大社会力量参与，增加大学自主权，强化对大学的问责。这些都是印度 2030 年前的大学治理变革趋势。

（一）外部治理结构

就外部治理结构而言，印度的大学治理主要依靠政府（行政力量）、市场和社会三方的共同配合、参与，具体如下：

首先，中央政府及邦政府共同管理大学教育事务。印度宪法规定中央在大学治理方面拥有最高权力，换言之，处于大学治理的权力中心，其具体治理事宜则由人力资源开发部（The Ministry of Human Resource Development，MHRD）和中央教育咨询委员会（The Central Advisory Board of Education，CABE）承担。各邦对大学的管理权限取决于中央，各邦政府对于大学的管理更多的是针对教育发展的具体事宜，其是治理的主要主体。除此之外，印度大学治理体系内还存在另一支重要力量，即以众多全国性教育咨询委员会为代表的“半行政机构”。其代表性机构有全国教育研究与培训委员会（National Council for Educational Research and Training，NCERT）、大学拨款委员会（University Grants Commission，UGC）等。此类委员会多是依法成立的法定自治组织，虽然它们并非政府部门直接领导的行政机构，但是其相关政策和职权又具有一定的行政效力，比如其协助政府制定和落实各项教育政策等，这些是印度大学治理体系中不可或缺的一环。因此，就其属性而言，也可以将这些职权列入行政力量的范畴。在引导大学治理时，此类委员会职权范围十分广泛，主要包括政策咨询、标准拟定、拨款分配、教育督导等诸多方面。

其次，市场的影响和调节作用亦伴随着印度私立高校的迅猛发展而逐步体现。20 世纪八九十年代，印度政府对大学教育的实际资助不断减少，大学和附属学院为弥补其财政资源缺口、满足社会对高校不断增加的需求，开始在公立大学以及自筹资金学院开设由 UGC 批准的自费课程；随后，各邦政府也开始许可私人机构（如慈善信托或社会团体）开办大学，私立院校接受各邦政府的办学委托并主动接受其监管。从办学规模上讲，印度私立高校在过去 40 年持续扩张，学校数量增长了 6 倍多，目前 33000 多所大学有

64％为私立性质的高等院校[①]；另外，从办学目的来看，私立高校通过提供UGC认证的课程收取高昂学费以及其他费用以赚取利润。[②] 因此，市场对于印度整个大学教育体系的调节作用较以前大大增强。大学回应市场需求，市场参与大学治理结构的调整，公立大学和私立大学既合作又竞争发展的态势已经初步形成。

最后，社会参与是对政府和市场大学治理的补充，特别是在前两项治理失灵的情况下可以发挥补充作用。社会参与是印度大学治理的新兴力量。印度大学治理中的社会参与在20世纪90年代经济自由化改革之后出现，虽然社会力量参与大学治理实践的时间不长，但是其内容表现十分丰富，尤其是参与方的多元化，较为典型的有企业、非政府组织（Non－Governmental Organization，NGO）和一些民间智库团队。近年来，印度政府不断深化社会参与，特别鼓励社会力量参与大学事务，使其在学校的政策讨论、决策制定过程中能够发出自己的声音。比如，近年来印度工商协会联合会高等教育委员会（FICCI Higher Education Committee）发布了“高等教育2030愿景”系列报告，积极为大学治理建言献策，其建议也得到政府一定程度的采纳。

以印度理工学院（IIT）为例，印度理工学院从创建伊始到发展壮大，均离不开政府的投入，可以说，正是仰赖于印度政府的政策导向与支持作用，印度理工学院最终走向世界一流理工大学。在这一过程中，印度政府颁布的《科学政策决议》（1958年）、《技术政策声明》（1983年）、《新技术政策》（1996年）、《信息技术法》（2011年修订），有力地促进了印度理工学院的发展。[③] 根据印度相关法律规定，印度实行中央、邦、地方三级教育管理体制，印度大学经费由中央政府和邦政府共同负责。国家的财政投入是印度中央大学、地方邦立大学主要的经费来源。印度政府依托大学拨款委员会对大学进行规划、指导和管理。印度大学拨款委员会对大学的拨款极不均衡，85％的高校经费下拨给了不到1％的大学，仅覆盖约3％的学生，其中，印

① Kumar S. 2014. “Privatization of Higher Education in India：Hopes and Despairs.” Social Change，(3)：451～458.

② Mathew A. 2016. Reforms in Higher Education in India：A Review of Recommendations of Commissions and Committees on Education. New Delhi：National University of Educational Planning and Administration，2.

③ 柴小娜：《印度理工学院发展研究》，兰州大学硕士学位论文，2009年，第42页。

度政府每年给印度理工学院各分校的拨款为 9 亿~13 亿卢比，而给其他理工大学的拨款总额不到 2 亿卢比，由此足见政府对印度理工学院的重视程度和支持力度。

此外，社会力量深度参与印度理工学院建设。社会力量参与表现在三个方面：一是企业与印度理工学院深入合作。早在 1961 年印度就通过了《学徒法》，建立起政府主导、企业参与的学徒制：不管是国有企业还是私营企业都必须依法为大学生提供必要的实训场所和培训设施。[①] 印度企业不但为印度理工学院学生提供就业机会、实习场所，还极力在海内外宣传推介，因此企业成为印度理工学院成长、发展及壮大不可或缺的重要力量。二是庞大的校友会通过多种形式助力印度理工学院发展，为印度理工学院在世界范围内赢得美誉，同时还凭借其在经济、学术、教育方面的影响为印度理工学院办学活动提供相关咨询及监督。三是社会慈善人士对印度理工学院办学环境的更新、办学经费的充实做出了一定程度的贡献。印度理工学院的外部治理结构如图 3-2 所示。

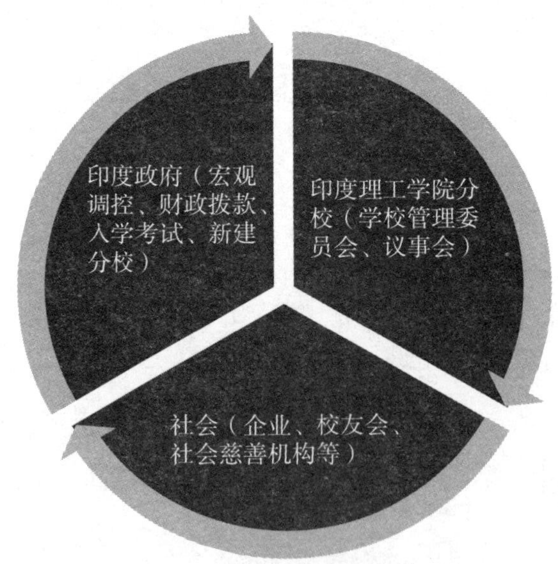

图 3-2　印度理工学院外部治理结构

① 李新翠：《依法治教：我们向世界学什么》，载于《中国教育报》，2014 年 11 月 19 日第 4 版。

概括来讲，印度政府与印度理工学院、印度理工学院与其海内外企业及校友分别在垂直和水平两个方向进行权力互动。政府对印度理工学院办学活动进行宏观调控、提供资金支持及相应行政干预；企业、校友等社会力量则是与印度理工学院进行全面合作并支援监督；印度理工学院各分校则通过管理委员会和议事会组织协调其内外部利益相关者。因此，“三角协调”的宏观治理模式，能够充分调动各利益相关者深度参与印度理工学院治理，相互间进行利益博弈和权力制衡，并且“印度人已清楚认识到政府与官员权力决不能渗透到大学中去，否则将毁掉高校教育”[①]，从而将法律和学校章程规定的大学办学自主权政策由“纸面”落到实处，有力推动印度理工学院建设世界一流大学。

（二）内部治理结构

相对于外部治理而言，印度大学内部治理主要指高校自治。印度宪法规定印度的高校是自治性机构，各高校根据法律和学校章程对大学事务进行管理和分配。当然，不同类型大学内部治理体系略有不同，但大学治理的基本框架大同小异，只是根据法律具体规定和高校性质略有调整。印度普通高校的内部自治结构主要由下述三部分组成：

第一，最高层领导者是视察员（Visitor）与校长（Chancellor）。在国立和邦立大学中，这两个职位通常由高级别政府官员担任，本身属于荣誉职务。譬如印度国防大学成立之初，由当时的总理曼莫汉·辛格（Manmohan Singh）亲自出任校长，总统任视察员，以彰显政府对该校的高度重视。一般而言，印度的高校校长并不直接管理学校事务，通常由副校长（Vice－Chancellor）负责，副校长实际上是印度高校实际最高决策者和管理者。副校长一般由校长任命，在私立大学，校长则通常由校董事会选举产生。

第二，大学内部通常设立一系列权力机构：(1) 大学委员会（Court 或 Senate），该机构是大学最重要的权力部门，拟定大学发展的大政方针，并负责与社会公众的联系；(2) 大学行政委员会（Executive Council 或

① 陈薇：《印度理工类人才培养特色及启示——以印度理工学院孟买分校人才培养为例》，载于《南亚研究季刊》，2013 年第 3 期，第 85 页。

Syndicate)，该机构是大学的行政机构，负责学校的日常行政事务、学校的各项规章制度等；(3) 大学学术委员会(Academic Council)，该机构则是学校最高学术决策机构，承担学生入学、课程教学、考试、学位授予等所有教育工作。

第三，大学学院的院长(Dean)是各学院事务的直接管理者，通常由资深教授担任，院长对学院发展有着绝对执行力。院长的主要职权包括教师的聘用、教学岗位的设置与取消、教学工作的分配以及科研方面的管理。[①]

以印度理工学院为例，其内部治理机制如图 3—3 所示：

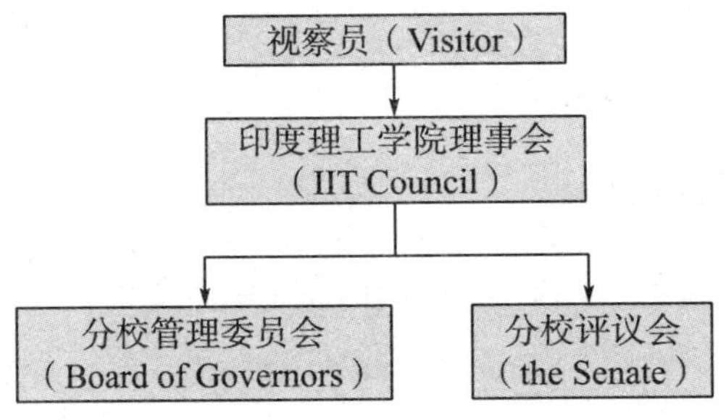

图 3—3　印度理工学院内部治理结构

第一层级为视察员(Visitor)。1961 年《印度理工学院法》明确规定印度现任总统即印度理工学院的“视察员”。视察员处在印度理工学院内部治理结构的最高层，对学校的事项有最终决定权。根据印度《大学法》，视察员有权视察学校工作，有权派人或工作组检查学校校舍、设备、图书馆、教学、考试和其他工作，有权派人检查学校的行政管理及财务工作。印度理工学院各分校管理委员会主席均由视察员任命，各分校校长的任命同样也须得到视察员事先许可。从表面上来看，印度理工学院作为政府创建的国家重点大学，视察员作为学校最高领导，可能会出现行政对学校自治的干预。[②] 但实际情况并非如此，尽管印度总统担任了印度所有中央大学的视察员，但视察员在很大程度上仅为荣誉性职务，实际上并没有过多干涉大学内部事务。

① 安双宏：《论印度普通大学内部管理的特色》，载于《比较教育研究》，2005 年第 8 期，第 13～16 页。

② 张芳芳：《亚洲一流理工大学的崛起——基于香港科技大学、印度理工学院、南洋理工大学的研究》，华中科技大学硕士学位论文，2012 年，第 58 页。

印度政府实行“无为而治”，让渡大学管理权限，如此一来既能确保国家控制印度理工学院的办学方向，又实际上赋予印度理工学院充分的办学自主权。

第二层级为印度理工学院理事会（IIT Council）。理事会是统管印度理工学院各分校的中央机构及协调印度理工学院办学活动的最高部门。在部门人员组成方面，印度人力资源与发展部部长担任理事会主席，理事会其余约50名左右的成员主要包括：16所分校管理委员会主席、分校校长；大学拨款委员会主席；印度科学与工业研究理事会主任；班加罗尔印度科技学院主任；班加罗尔印度科技学院理事会主席；视察员委任的3～5名教育、工业和科技方面专业人员；中央政府委任的教育部、财政部代表3人；以及3名国会议员等。[①] 从理事会人员组成来看，由于印度理工学院的分校扩容，政府代表和国会议员在人数上不到一半，理事会主席、秘书长等由政府官员担任，而且分校管理委员会主席及校长也是由印度总统任命的，故而理事会的官方背景很深厚，可以确保政府对印度理工学院的宏观调控和全面协调。

需要指出的是，理事会成员中无论是由视察员指定的3～5名专业人员，还是16所分校管理委员会主席及校长，均为教育、科技或工业方面的教授、专家，拥有良好的教育素养。更为重要的是，理事会的主要职责是对印度理工学院进行宏观管理和协调，仅就各分校的入学标准、课程设置、学位等学术事务提出建议，拟定有关管理政策，审查各分校的发展规划及年度预算，但并不干涉各分校具体的行政管理及学术事务。理事会的人员组成和组织架构保证了理事会所作出的各项决策尽可能专业、科学，从而最大限度地避免管理失误，并实际上赋予了印度理工学院各分校充分的办学自主权。因此，印度理工学院的16所分校在理事会的统一领导下，既有合作，又有竞争，形成了“联邦”式、松散型的一流大学集群，比肩于美国常春藤联盟、英国罗素集团、德国理工大学联盟、加拿大高校联盟、澳大利亚八校联盟，它们抱团寻求政府及社会的各种支持，不断提升分校影响力和社会美誉度。

第三层级为印度理工学院分校管理委员会（Board of Governors）和评

---

① 张芳芳：《亚洲一流理工大学的崛起——基于香港科技大学、印度理工学院、南洋理工大学的研究》，华中科技大学硕士学位论文，2012年，第58页。

议会（The Senate），它们分别负责分校的行政管理和学术管理。根据《印度理工学院法》及其管理条例，分校管理委员会全权管理和控制学校。分校管理委员会从人员构成来看，除主席由视察员任命外，各分校校长是管理委员会的当然成员，其他成员还包括由分校所在地邦政府委任的 1 名技术专家或实业家；理事会任命的 4 名教育、工程或科学方面专业人士；评议会推荐的 2 名教授。分校管理委员会从人员比例来看，校外人员占多数，但是这些校外人员很少来学校，其工作主要是对学校日常管理和学术事务予以协调沟通，真正发挥作用的主要还是校内专家教授，从而大大降低了行政权力对学术权力的干预。

评议会则是各分校极为重要的学术管理及决策机构。分校校长是评议会的法定主席，依法由印度理工学院理事会任命。评议会其他成员包括副校长，各学院指定的教授、管理委员会主席与校长商定的 3 名来自理科、工科、人文学领域的校外专业人士，还有政府官员、学生、毕业生以及来自工商界的代表。评议会下设专门委员会，包括学生委员会、财经委员会、咨询委员会等，协助评议会进行学术管理、制定财政政策。各分校评议会主要负责对分校各个学院进行宏观管理，对各个学院的学术活动定期开展评价，对各个学院的办学进行讨论并提供建议，并将讨论结果及建议呈交给分校管理委员会及其下设的专门委员会。

以印度理工学院德里分校的组织机构为例：该分校管理委员会主席、议事会和校长、副校长为第一层，研究制定该分校规章和政策；分校各学院院长、主任则处于第二层，具体负责校学术事务和行政事务；分校的中高层管理人员属于第三层，负责程序执行并开展日常性工作。院长、系主任通常由资深教授担任，知名学者可轮流出任分校的高管，并配备有专职秘书协助其处理日常事务。各层次管理人员在学术问题上尊重教师教学及学术的自主权。学术自治、教授治校的理念在印度理工学院深入人心。值得一提的是，学生在印度理工学院内部治理中有很大的发言权，学校许多职能部门中有大学生代表，在收费、招生、教学安排及考试、食宿事务等方面，校方对学生的意见和建议会充分考虑并尊重。

总体而言，在外部治理方面，政府采取“无为而治”的方法，最大限度地降低行政权力对学术权力的干预，其行政权力退居其次；在内部治理方面，强调“学术本位”，三级管理层次并非真正意义上的上下级关系，视察员系名誉职务，权力重心实际下移到下一层级的分校管理委员会与评议会。印度理工学院“三角协调”的外部治理模式与“三级协同”的内部治理机制相得益彰、相互支撑，最终使得教授群体成为办学主体，学术自由、大学自治落到实处，其管理体制和治理结构变革带动印度理工学院短期内晋升为世界一流大学。

四、以色列大学治理

以色列大学教育比较发达。以色列国土面积狭小，环境条件十分恶劣，却拥有58所能够授予学士学位及以上的高等院校，其中更有7所院校堪称享誉世界的名牌大学，它们分别是特拉维夫大学（Tel Aviv University）、希伯来大学（The Hebrew University of Jerusalem）、巴尔伊兰大学（Bar-Ilan University）、本－古里安大学（Ben-Gurion University of the Negev）、海法大学（Haifa University）、以色列理工学院（The Israel Institute of Technology）、魏兹曼科学研究院（Weizmann Institute of Science）。在世界最具竞争力的大学排行榜中，以色列高校一直名列前茅，甚至超过欧洲发达国家。

（一）以色列大学治理模式的形成

希伯来大学在以色列高等教育发展历史上最具代表性，故本书将其选为以色列大学治理的研究样本。在耶路撒冷建立犹太人自己的大学是犹太文化复国主义的一个重要目标，犹太复国主义的领导人大多是在欧洲接受过良好教育的专家学者和社会名流，譬如魏茨曼、赫茨尔（Theodor Herzl，1860—1904）、马丁·布伯（M. Buber）等领导人，他们本身就是欧洲著名大学培育出的犹太高级知识分子。他们在最初创建希伯来大学的时候，就自然而然地将欧洲名牌大学的办学理念和管理模式融入希伯来大学的创建和发展过程。德国柏林大学创始人、教育家威廉·冯·洪堡（Wilhelm Von Hamboldt，1767—1835）的大学理念对希伯来大学的影响甚巨，成为希伯来大学和以色列理工学院以及建国后以色列大学和以色列政府共同的办学理念。

按照威廉·冯·洪堡的大学办学理念，大学应是一个学者的社团，它享有充分的自治权和学术自由；大学作为高等学术机构，应是具有研究性质的学校；反对政府对大学的控制，大学应是受国家保护但同时又享有完全自主地位的学术机构。① 传统的大学理念是把教学视为大学的重中之重，而洪堡则是把研究作为大学的工作重心。按照洪堡大学理念组建的柏林大学旋即成为现代化大学的典范，在学术科研方面的突飞猛进，不仅给德国也给其他欧洲国家的传统大学树立了现代大学的标杆。此后德国新创办的大学如布勒斯特大学、慕尼黑大学、波恩大学均是仿照柏林大学的经验建设的，并且，欧洲一些传统大学也纷纷按照柏林大学的经验完成了其现代化的转型。

以色列建国前创办高校以德国大学为模板，既有传统的因素又有现实的因素：

（1）犹太复国主义运动中的大多数领导人都接受了现代化大学的教育熏陶。根据希伯来大学第一届大学董事会成员构成来分析：董事会主席魏茨曼、马丁·布伯、阿尔伯特·爱因斯坦、詹姆士·罗斯查尔德等 12 人尽管来自学术界、金融界、商界等不同领域，但他们均在欧美大学接受的高等教育，希伯来大学承袭德国大学的办学理念和传统就自然成为其必然的选择。

（2）20 世纪初期，德国不仅是经济军事发展最为迅猛的国家，同时也是中欧乃至整个欧洲大陆最发达和最引人瞩目的国家。在选择大学模式的时候，犹太复国主义者的领导人自然会挑选当时世界上最先进的大学模式——威廉·冯·洪堡创立的德国大学模式。

（3）德国大学模式中的大学自治契合当时希伯来大学和以色列理工学院的现实情况。在第一次世界大战之前，处于奥斯曼土耳其的统治之下，君主素丹对巴勒斯坦地区的统治已经腐朽没落，此时对于犹太人在巴勒斯坦建立大学，地方政府一不愿意提供资金上的财政支持，二不愿意自找麻烦去管理这种无利可图的事情。第一次世界大战后，土耳其战败，英国开始接管巴勒斯坦地区，并对其实施委任统治，委任统治当局对建立大学的态度和做法基本上和前巴勒斯坦地方政府别无二致。因此，在资金方面，犹太人在巴勒斯

① 刘宝存：《洪堡大学理念述评》，载于《清华大学教育研究》，2002 年第 1 期，第 63 页、第 6 页。

坦创建大学无法获得地方政府的财政支持，但有一个好处：希伯来大学和以色列理工学院在失去地方政府财政支持的同时，获得了无比宝贵的大学自治的权力。与此同时，两所大学虽然未获地方政府的财政支持，最终却获得了海外犹太人的捐助资金，这是两所大学建校资金的最主要来源——犹太慈善捐助往往更多地投向学术研究，许多精美的图书馆、实验室、教学楼、体育馆等都是海外或者国内犹太人捐献的。

希伯来大学和以色列理工学院的建立和运转主要靠从海外各地（主要是欧美）犹太人中募集资金，于是这两所大学逐渐形成了大学董事会制度，大学董事会成为大学的最高权力机构。董事会的成员大都来自不同领域和国家，包括来自世界各地的科学家、学者、社会名流、犹太复国主义组织代表、对外友好协会负责人和其他支持大学建设的组织代表、校友代表、学生会代表等，从而使得代表具有广泛性。大学董事会制度也尽可能地调动各个方面的力量来关心支持大学的建设和发展，并从多方面、多渠道募集资金。作为大学的最高权力机构，董事会在以色列建国前就独立于奥斯曼土耳其统治下的巴勒斯坦地方政府及第一次世界大战后的英国委任统治政府，他们极力避免政府对大学内部事务的干预，大力倡导大学自治、学术自由的大学理念。难能可贵的是，在以色列正式建国后，即使政府给大学拨付了大笔的办学经费，但大学自治、学术自由的大学理念仍为以色列历届政府所尊重和坚持，从而为以色列大学的发展提供了思想和制度上的保障。

（二）以色列高等教育管理体系

1958年，以色列颁布《高等教育理事会法》，该法确立了大学完全自治的法律地位。《高等教育理事会法》第十五条规定：“高等院校在其预算框架内，只要其认为合适，即享有处理学校有关学术和行政事务的权力。本条所述的‘学术和行政事务’包括研究和教学科目的确定、学校权力机构的任命、教师的聘任及升迁、教学和科研的决定，以及任何其他科学、教学或者经济活动。”[①] 根据此条规定，高等教育中的大学实行的是完全的自治，并

① 陈腾华：《为了一个民族的中兴：以色列教育概览》，华东师范大学出版社，2005年版，第273～274页。

且教育部不能直接管理大学，只能严格依照《高等教育理事会法》来行使自己的职权。以色列教育部的职责，主要管理学前教育、中小学和属于非高等教育层次的中学后全日制学校的教育，教育部的权限在以色列建国 60 多年来没有太大的改变。以色列教育部在师范教育领域和相关大学存在一定的合作或者协作关系，教育部和高等教育理事会共同负责师范教育的财政拨款和监管。

以色列教育部并不直接管辖大学。1958 年根据《高等教育理事会法》设立的高等教育理事会对大学负有一定的管理和监管责任，但是高等教育理事会并不是大学的行政管理机构。以色列高校在学术上实行自治，在政治和意识形态领域则始终保持独立，以色列至今仍未建立一个统一管理全国高校的最高国家机关。高等教育理事会在大学教育领域仅为政府决策提供咨询意见，同时承担法定的监管职责。

高等教育理事会有 21 名成员，在任教育部部长是当然理事会主席，教育部部长、计划和预算委员会主席、全国学生联合会主席是当然成员，不少于 60%的理事会成员是高等教育领域的知名人士，其余成员大多是社会公众人物。组成成员一般由教育部部长提名，须经内阁批准，并报请总统任命。任期一般为 5 年。高等教育理事会有下列职能：①批准各类高校的开办和运营。②核定高校的办学资质，通过政府审核的高校由总统颁发办学许可证书，并在以色列官方报纸上发布相关许可证书的公告。③授予具有办学资质的高校颁发学位证的权力。④支持具备资格的学术机构的研究。⑤根据《高等教育理事会法》的许可，授权高校名称的使用。⑥有权提议认证的高校之间的合并、扩张和发展的相关事宜，以及高校之间教学和研究方面的合作。⑦通过其下属计划和预算委员会，向政府提出发展大学和高校系统的预算；向政府提出建立新的大学的建议。⑧向在以色列的外国高校分支机构颁发办学许可证书。⑨对在犹地亚（Judea）、萨玛利亚（Samaria）、加沙（Gaza）通过资格鉴定的高校授予的学位给予鉴定和认可。

高等教育理事会的机构设置随着大学及社会、政治、经济的发展有所调整，但总的机构设置框架基本保持未变。其机构设置如下：①计划与预算委员会（The Planning and Budgeting Committee）；②大学和教师培训学院委员会（Sub-Committee for Universities and Teacher Training Colleges）；③非大学和外国分校委员会（Sub－Committee for Non－university Institutions and Branches of Foreign Institutions）；④工程和技术学院委员会（Sub－Committee for Engineering and Technological Institutions）；⑤质量评估委员会（Sub－Committee for Quality Assessment）。

其中，计划与预算委员会是权力最大、最重要的委员会。该委员会是一个常设机构，于1974年组建，1977年6月6日第666号政府令正式批准依法设立。计划与预算委员会的成立需经政府批准，每一届任期3年（必要时可以再连任3年），委员会主席必须是大学教授身份，经由高等教育理事会主席提名，经理事会选举产生。计划与预算委员会由7名成员构成，其中5名为来自大学的资深学者，另外2名是来自工业界商业界的知名人士。6名成员需经由高等教育理事会通过无记名投票选举产生。该委员会直接负责教育经费的预算制定和经费划拨，其具体职能主要有7项：

①作为一个独立的机构，它负责大学的预算，在政府和高校之间，不同的高校之间，计划和预算委员会是一个中介机构。

②在维护学术自由和优先满足研究和教育的优先发展的前提下，根据国家社会的需要，编制常规预算和大学发展预算。

③享有为经国家认可的大学分配高等教育预算的权力。

④向政府和高等教育理事会提交大学发展规划，包括资金规划。

⑤通过高等教育机构的合作，提高效率。

⑥监管高等教育预算的使用，以防范预算不足和过度开支。

⑦对于需要经费支持的新建的大学或者在国家认可的大学内建立的新机构，向高等教育理事会提交评估意见。

从管理学的角度来看，对大学负有监管责任的机构应该由熟悉大学教育且懂得大学教育发展规律的专家组成，从以色列高等教育理事会成员的代表身份和来源可以看出其明显具备大学教育专家组的特征。正是这种专家型代表，构筑了履行高等教育理事会职能的人才保障。同时，《高等教育理事会法》厘清了其职权范围，从而确保大学享有高度的行政自治和学术自治的权力，因此，从某种程度上讲，高等教育理事会并不是管理大学的行政机关。它是不同高校之间的协调机构，也是高校和政府之间的一个桥梁，为政府提供发展、改革大学教育的建议，具有向政府提供咨询服务的职能。

以色列作为一个以教育立国、科教兴国为基本国策的国家，其监管服务于大学机构的人事安排，也体现出犹太民族在大学监管机构上的精心设计，譬如计划与预算委员会的 7 个代表，其中有 5 个是来自大学教育领域的资深人士，同时考虑到计划与预算委员会主要的职责是编制大学教育的财政预算，要占用国家纳税人的所纳的税务，因此特地让懂得工业、商业、金融的人士参与制定，这也体现了该委员会具有一定的公众性，并进而增强了公众对大学教育监管机构的信任度。其他国家的教育行政管理机构由于没有公众代表设置，确实降低了公众对教育事业的热情。而犹太民族热衷于向教育领域捐款的传统，在以色列建国后得到继续发扬，这也与以色列大学教育监管机构中公众代表的设置有一定程度的关联。

（三）以色列大学的运行模式

以色列大学的运行主要是通过董事会、学术委员会、学术政策委员会和学院院务会议等权力机构和校长、学术总监、学院院长等行政机构来实现的，具体如下。

1. 权力机构

以色列大学的权力机构主要有董事会、学术委员会、学术政策委员会和学院院务会议，四个机构之间联系紧密，同时又各司其职。

（1）董事会。以色列大学的最高权力机构是校董事会，其成员是来自世界各地的学者、科学家、校友代表、以色列政府代表、学生会代表、学校对外友好协会负责人、社会贤达、世界犹太复国主义运动组织的代表等。董事会主席从董事会成员中选举产生。董事不领取薪酬，董事会会议每年召开一次全体会议。董事会主要负责制定大学章程，规定学校的法律地位、校名、办学宗旨及招生原则等，此外，董事会负责选举校长和副校长，以及根据学术委员会和董事会执行委员会的建议授权设立或撤销学院、制定学校的财政政策、审批年度预算、制定学校政策和批准学校其他机构制定的规章。董事会的常设机构为执行委员会，由董事会主席和名誉主席以及学术委员会任命的委员共同组成，主要职责是在董事会休会期间管理和处理学校事务。执行委员会每年至少召开 4 次会议，审议和批准向董事会提交的学校财政报告和预算提案。

（2）学术委员会。以色列大学的最高学术机构是学术委员会，其成员主要由学院院长、图书馆馆长、大学教授、副教授、高级讲师、部分讲师和职员组成，其中，学术总监担任学术委员会主席。学术委员会的职责主要是负责学院、研究所以及大学其他学术机构的学术运作，监督大学教学、研究，维护学科建设水平，以及制定图书馆规则等。下设常务委员会，由学术总监任主席，其余委员由学术委员会任命。

（3）学术政策委员会。该委员会由学术委员会和董事会执行委员会共同领导，其职责是拟定大学所有的学术政策并决定执行的具体细则，包括学术机构的设立、撤销、调整，学校的学术政策指导以及校园发展、招生政策、奖学金分配原则等。

（4）学院院务会议。该机构由本学院的教授、副教授、高级讲师以及部分讲师代表组成，学校学术总监和副总监是学院院务会议的当然成员。学院院务会议的职责主要是管理本院教学事务，调整教学内容，协调科研，并且向学术委员会提交与本院事务有关的建议和意见。

2. 行政机构

首先，大学校长是学校的行政首长，校长对外代表学校。校长通常任期4年，对董事会负责。校长有权根据学校章程规定主持学校的一切行政事务，领导所有的行政、学术管理人员，负责对办学水平、办学质量、行政人员的工作完成情况进行监督管理。与校长对应的是学术总监，学术总监是大学的学术首长，主持学校的一切学术事务，对学术委员会负责。

在校长和学术总监之下的是副校长和学术副总监，主要负责协助前者分管工作，或根据前者的委托代行职务。副校长又可进一步分为行政副校长、外事副校长、科研开发副校长等。

接下来是学院院长，由院务会议每3年在教授和副教授中选举产生。学院院长主要负责管理学院事务，除了负责学院的行政、教学、科研管理，同时还担任院务会议的召集人。

再下来是系主任。以色列大学最基层的学术单位是系，系主任在具有高级讲师职位以上的人中选举产生，每届任期3年。系主任主要负责安排、协调本系内部的教学事务。

最后，大学行政机构还设有审计长一职，审计长由董事会执行委员会任命，并且只对董事会和执行委员会负责。除此之外，处理大学日常行政事务的机构或官员一般还有学校发言人、校长战略规划顾问、财务总监、学术秘书、秘书长、法律顾问、人力资源管理处、学生事务管理和注册处、发展和公共关系处等。大学的日常教学科研通常由学院直接负责，学院往往下设研究所、项目小组、实验室、中心等。此外，以色列的大学还常开设独立的学院，如研究生院、国际学院等。同时，大学亦直接管理并监督校图书馆、校友会、友好协会及出版社、科研开发公司。

从以上介绍不难发现，以色列大学的董事会体制基本上沿用美国的大学董事会制度，董事会制定和监督学校政策，规划学校发展，树立学校形象，特别在筹集基金等方面发挥了很大的作用。每年 5—6 月在春季学期即将结束，秋季学期即将开始之时，以色列各高校都要隆重举办董事会年会，广邀世界各地的犹太人团体代表、科学家、知名教授、校友以及社会活动人士、社会贤达、政府要员乃至外交使团官员参加。年会通常持续一周，由董事会成员在听取校长对上一年度执行董事会决议、财政收支、学术进步等方面的汇报后，审议下一年度的战略发展规划，批准下一年度的财政预算。董事会会议期间，还要举办各种学术和战略研讨会，表彰奖励各种基金获得者（包括各界有突出贡献的人士和在本校科研教学方面有突出贡献的教师、科研人员），授予其荣誉教授和荣誉校友称号等。此类活动都会在以色列主流报纸上公布。

以色列大学的行政领导机构比美国高校的体制更为复杂，存在重叠和设置不尽合理的地方，譬如学术总监的设立可能与校长职务产生冲突（例如在特拉维夫大学，校长原是学术总监出身，这不得不令人担心校长在执行职务期间可能会干预学术总监），故而以色列有些高校参照美国体制只设学术副校长。除此之外，校监与常务副校长之间也可能会出现职务冲突。

五、俄罗斯大学治理体系

俄罗斯大学教育源于其悠久的历史和苏联时期一整套科学、完整的大学教育教学体系，因而有着极其深厚的历史积淀和文化底蕴。早在苏联时期的大学教育，是其建国立业、战后重建、强盛科技、强军强国、称雄世界的公开秘密。苏联解体之后，俄罗斯继承了苏联高质量的大学教育教学体系。但由于长期的东西方“冷战”及苏联同北约的军备竞赛，苏联的大学教育自成体系、对外封闭；加之近年来俄罗斯经济状况不佳，其大学教育的竞争力和影响力不断下降。在2019年的QS世界大学排行榜中，俄罗斯共有27所大学入围排行榜。在世界排名前500名的大学中，俄罗斯仅有15所院校上榜。

俄罗斯大学的发展与其大学治理模式密切相关，其治理模式在很大程度上是由大学与政府之间的关系决定的，同时也受大学内部运行的机制制约。质言之，俄罗斯的大学教育系统存在较强的行政控制和较弱的学术控制。这种权力分配结构在很大程度上是由其国家学术市场的衰弱和大学之间教职工流动性低这两大因素造成的。不过，值得注意的是，在过去十年里，伴随着俄罗斯诸多支持教职工参与研究政策的出台，俄罗斯传统以教席主导教学为核心的治理模式正悄然发生改变。

（一）外部治理体系

自1992年苏联解体以来，俄罗斯发生了从社会、经济、文化到意识形态的整体转型，俄罗斯大学外部治理的环境也发生了相应的变化。从总体上而言，俄罗斯的外部治理可以分为两个主要的阶段，第一阶段是1991—1999年俄罗斯国立大学的自主化和自由化时期，其主要特点是对苏联时期外部治理模式的全面否定和在自由主义思潮影响下政府对国立大学的放权；第二阶段是2000年至今，政府对国立大学重新进行掌控，塑造出国家主义下的相对的自由治理模式。

1. 大学管理机构及其权限

俄罗斯对国立大学实行行政管理主要通过联邦和联邦主体两级政府进行。其中，国立大学的联邦行政主管机构主要是俄罗斯联邦教育与科学部。在联邦主体层面则是联邦主体教育厅。1993年通过的《俄罗斯联邦宪法》，从政治、法律的角度将俄罗斯分为89个地区（联邦主体），包括21个共和国、6个边疆区域、49个州、1个自治州、10个自治区以及2个联邦意义上的直辖市（分别是莫斯科和圣彼得堡），其中，每个地区都有各自的教育管理机构。

联邦教育与科学部作为俄罗斯联邦主管国立大学的行政机关，负责制定相关领域的国家政策和起草相关的法律法规。内设教育署是主要的教育决策机构，是国立大学的创办人，负责财政拨款和分配联邦补贴；而教育督察署则负责为高校颁发办学许可证，监督各层次高校的教育质量以及守法情况。俄罗斯于2010年将教育署和教育督察署的上述职能权限转移至教育与科学部，因此教育行政管理和决策权力又重新汇集到教育与科学部。就中央一级而言，俄罗斯联邦最高权力机关和教育管理机关共同对国立大学实行宏观管理，其职权包括：制定统一的联邦教育政策，编制教育财政预算，颁布国家教育标准，制定统一的教师培训和再培训计划等。虽然俄罗斯联邦政府和高等教育管理机关负责确定和批准高等教育、国家教育标准，但具体实施往往由各高校自主安排。

就管理机构而言，高校主要归教育与科学部所属的联邦教育科学监察署及联邦教育办事司直接管理。其中，联邦教育监察署是教育与科学部的一个职能部门，其职责主要有：监督和检查联邦教育系统立法的执行情况；监督和检查高校的教育质量，学校的学位委员会、学术委员会的运行情况；组织对高校的评审和国家鉴定，颁发办学许可证；给高校评定委员会提供资源保障；批准高校设立学位论文答辩委员会，编写学术专业目录，授权学位论文答辩委员会按照目录组织论文答辩；审核、认证在国外高校获得的职称和学位与本国的等值，颁发相关认证文件；负责教育系统的外事工作，开展国际合作和协作等。联邦教育办事司作为联邦教育与科学部的另一个职能部门，其主要职责有：管理高校的国家财产，检查和监督高校的日常财政状况；为高校提供国家服务；组织学术会议、研讨会、展览等活动；向高校分配俄罗斯联邦总统奖学金、政府奖学金以及其他名义的奖学金并分配定额；组织对高校教师职业技能再培训和管理人员培训；批准大学校长的任期；组织和审批大学研究院的设置；为高校颁发证明其教育层次的国家统一样式的证明文件等。

俄罗斯法律规定，俄罗斯联邦各主体在高等教育及大学后职业教育一般问题上拥有充分的管理权。联邦主体的管理权限包括制定并实施与联邦政策不相抵触的共和国教育政策；制定各联邦主体教育法令及颁布相应的民族、区域高等教育标准；编制各联邦主体大学经费预算，确定地方教育税和教育附加费标准；批准高校创建、合并、撤销及拨款方式等。由于联邦主体管理国立大学数量较少，联邦主体一级对国立大学的管理权限相当有限。事实上，俄罗斯大学外部管理权限主要集中在联邦会议、联邦政府、联邦中央高等职业管理机关等联邦管理机构这一层级，高校内部学术组织和内部管理权限则主要集中在大学的校务委员会及大学校长委员会。教育厅（或称为教育委员会、教育部人民教育管理局等）是联邦主体教育管理的权力机关。联邦主体教育管理权力机关对高校的行政管理更多的体现在对教育法律法规的落实与执行上。

2. 政府治理内容和方法

俄罗斯高校外部治理体制的改革主要表现为对大学法人地位的确定以及联邦预算拨款制度的改变。

大学法人地位主要是根据俄罗斯联邦相关教育法律法规确立的。1991年2月，俄罗斯联邦部长会议颁布了《国立高等教育暂行条例》，明确了国立大学是“具有法人权利的独立主体”。1993年颁布的《俄罗斯联邦高等职业教育机构（高等院校）标准条例》第七条规定，高等学校从获得国家登记注册之日起即享有法人的权利。1996年颁布的《俄罗斯联邦高等教育和大学后职业教育法》第八条规定，“高等学校是依照《俄罗斯联邦教育法》设立并运行的教育机构，其具有法人地位并按照其许可证实施执行高等职业教育教学大纲。此外，大学在设立自己的机构时还享有除设立分校以外的办学自主权”。第八条第二款进一步规定，“高等学校在组建自己机构方面完全独立自主（但设立分支机构除外）”。2013年颁布的《俄罗斯联邦教育法》也强调大学的独立法人地位。从上述法律规定来看，俄罗斯独立后政府在对高校进行法律定义时不断重申其独立法人地位的定位，其目的在于促使国立大学改变过去的政府附属机构的组织属性，转型为自力更生、自负其责的独立的社会组织。

针对高校财政拨款制度，俄罗斯大学外部治理方式改革的侧重点是拨款制度。俄罗斯教育投入格局的变化主要取决于其国家经济体制的改变。在苏联时期，政府实行的是单一的国家财政拨款制度，国家对大学经费统包统筹，中央财政拨款差不多是大学教育经费唯一的来源，中央政府也是大学教育经费投入的唯一主体。俄罗斯独立以后，俄罗斯政府对高校主要采用两种拨款方式：第一种是项目拨款，国家资助高校一定的科研项目、教学项目、基础设施项目和一些助学基金项目；第二种是通过高校与政府签订合同方式的国家拨款，主要依据高校的实力及其竞争。俄罗斯政府采用“精英优先”的原则，着重支持重点大学的发展。另外，俄罗斯政府试图通过竞争选拔的方式，激励高校将教学科研目标契合到国家创新发展战略上。俄罗斯政府将之前的直接拨款转变为间接竞争性拨款，激发高校的竞争意识，从而实现俄罗斯的国家战略目标，属于变直接管理为间接调控的外部治理方式。

（二）内部治理体系

1991 年苏联解体后，俄罗斯大学的治理制度显现出两个较大的变化，一是在整个国家走向民主化的进程中更新管理体制，走向民主化；二是高校内部治理由此前的一长制转变为校务委员会下的校长负责制。2013 年通过的《俄罗斯联邦教育法》规定，学校管理的构架是一长制与会议制的有机结合。[①] 一长制和集体领导相结合的管理模式指校长和学术委员会共同管理学校，校长和学术委员会的权力、所履行的职责由督学委员会授予。根据《俄罗斯联邦教育法》的规定，俄罗斯国立大学实行学术委员会和校长负责的治理体制。校长直接管理学校，学校全体大会和校学术委员会实施总领导，二者相互补充，相互协作。其各自的职责和权限在大学章程中予以明确划分。[②] 1993 年 6 月颁布的《关于俄罗斯联邦高等职业教育机构（高等院校）标准条例》明确规定，“高等院校，由选举产生的代表机构来领导，并由校长领导下的高等院校学术委员会予以施行”。

俄罗斯国立大学和地方大学实行校、系、教研室三级管理。以俄罗斯国立大学为例，其领导结构如图 3－4 所示。

---

① 杨宁、杨广云：《俄罗斯高校管理体制的民主化进程：基于前苏联与俄罗斯的比较研究》，载于《大学（研究与评价）》，2009 年第 4 期，第 26～31 页。

② 刘淑华、刘欣妍：《走向治理：俄罗斯高等教育内部管理体制变革取向》，载于《比较教育研究》，2015 年第 2 期，第 19～23 页。

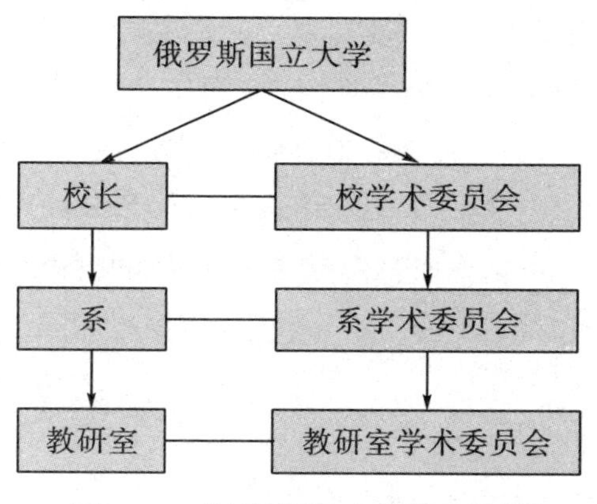

图 3—4 俄罗斯国立大学领导结构

1. 校长

俄罗斯国立大学实行校长负责制。《俄罗斯联邦高等教育和大学后职业教育法》规定，俄罗斯各级各类学校均享有相应的权利和义务，基于大学本身不能代表自己的利益及参与具体事务，需通过国家授权给一位全权代表学校和完成法律意义行为的人，而这个人就是拥有学校行政权力的大学校长。校长是高等院校的法人代表。大学校长负有培养高技能人才，领导学校教学、科研、纪律、财务管理和执行俄罗斯联邦法律等责任。《俄罗斯联邦高等教育和大学后职业教育法》第三款明确规定，由校长实现对大学的直接管理，根据大学章程的规定，大学校长由全体教师大会以无记名投票的方式选举产生并报经该校隶属的教育主管机关批准，任期不超过 5 年。当选后的校长要和国立大学隶属的教育主管机构签订合同。2006 年修订的《俄罗斯联邦高等教育和大学后职业教育法》对校长的选拔程序再次进行了更改，规定校长职位候选人必须交由一半成员是国家机构代表的鉴定委员会进行审核评定。如果任期内其任职的大学由于考核结果不佳而被撤销国家认证资格证书，则其校长职务亦将被解除。除此之外，比较特殊的情况是，莫斯科国立大学和圣彼得堡国立大学的校长是由俄罗斯联邦总统进行任命和罢免，还有一些新成立的联邦大学的校长也是由俄罗斯联邦政府任命的。

校长作为学校的代表，既是大学的最高决策者，又是决策的最高执行者。校长在国立大学中扮演着关键性角色，根据学校章程的规定管理学校的日常教学科研活动，领导学术委员会，制定学校办学的目标与原则。校长的职权通常包括：学校有关制度规定批准，部门领导、科研人员、教师以及其他工作人员的聘任和解聘；学生的录取和开除；学校各个部门的工作检查；学校的财产和资金的管理与支配；对外合同的签订及委托书签发；学校银行账户开设、校长办公室组建、行政命令颁布；学校基础设施建设批准；高技能人才的培养责任；联邦法律遵守和履行，学校的教育、科研等各种活动的领导和管理等。校长在其职权范围内发布的命令和指示，高校所有教职工和学生必须执行。

2. 学术委员会

学术委员会是大学最高管理机关，《俄罗斯联邦高等教育和大学后职业教育法》第二款规定："对国立和市立高校的总体领导是通过选举代表机构即学术委员会来实施的。"学术委员会对俄罗斯国立大学实行总体领导，是俄罗斯国立大学的权力机构。学术委员会由选举产生，其成员通常包括校长（学术委员会主席）、副校长（委员会常务委员）、系主任、教研室主任、行政机构负责人、教师及学生代表等。其中，校长和副校长以及学术秘书无需选举，可以直接进入学术委员会，其他成员一般需要经过教师代表大会以无记名的方式投票选举产生。学术委员会成员任期为 5 年。

学术委员会的职能一般包括：解决学校科研、教学、财政、人事、生产、企业经营活动过程中遇到的问题；制定大学章程；设置、改组、撤销行政部门；批准系提交的教学计划和教学形式；批准学生开除、转学等事宜；提议和批准增设新专业或者停止新专业；批准科学研究计划；审核研究生（博士、副博士）学位论文题目。各高校学术委员会对毕业生资格评定工作享有排他的权力，包括在教育标准的范围内，决定国家考试的内容与要求及开展毕业生职业资格评定；推进科研工作持续展开，协助学校寻找科研合作伙伴。

俄罗斯国立大学普遍实施"教授治校"制度，学术委员会是大学最高权力机构。校长虽然是学术委员会主席，但也要服从学术委员会作出的集体决议。而且，在俄罗斯国立大学中，系和教研室两个层级均设有学术委员会。大学各级学术委员会在学校各项事务的决策中发挥着重要作用，确保以教授为代表的教师拥有对学校决策的核心地位。通常情况下，研究生、博士生也可以列席教研室学术委员会教学和科研的相关讨论，以确保学生对于学校决策的一定参与权，以此来增强大学治理的民主性和合法性。

除学术委员会外，学校全体大会也在大学治理中发挥重要作用。学校全体大会成员包括学校内部各阶层、各方面人员的代表，能够反映出学校各个方面的利益和意愿，因此，其代表成员必须具有明确的代表性。学校全体大会的代表成员通常由校学术委员会和系、教研室的学术委员会审定，其中校学术委员会成员不低于会议成员的50%，学校全体大会定期会议一般由校学术委员会召集，每两年召开一次。遇有特殊情况，经过学校学术委员会三分之二以上人员同意，也可以临时召集学校全体大会。学校全体大会的职责主要有：审议并通过大学章程，审议并通过大学章程的修改和补充；选举校长或终止校长职务；组建和成立学校学术代表大会或终止学术委员会；批准学校的集体决议；确定学校财产的分配和使用原则；确定学校发展的方向；审批有关学校运行的其他重要问题。

学校全体大会是非常设机构。闭会期间，大学由选举产生的校务委员会实行总体领导，由校长进行日常直接管理。校务委员会成员每届任期5年。为了防止大学参与任何政治组织或宗教组织，校务委员会中的学生代表不低于25%。校务委员会的主要职责为：审议并批准学校章程及其内部宪章；选举校长（根据《俄罗斯联邦教育法》，校长可以由学校集体选举产生，也可以由政府直接任命产生）；审议学校财政和发展中的主要问题等。

2013年通过的《俄罗斯联邦教育法》还规定，国立大学需要成立学校教育关系参与者争端协调委员会，以协调学校内部各种方面的关系，解决高校内部出现的各种争端和矛盾，该委员会通常由未成年学生家长、成年学生、学校教职工代表按照同等比例组成，负责协调高校中章程的执行情况、教育权的履行情况、教师利益纷争、学生处罚中所产生的各种争端。该争端协调委员会的组建程序、决定或决议、运行规则等要遵守大学章程的相关规定。该委员会做出的决定，所有相关主体均须遵守，并保证在确定的期限内执行完毕。

3. 系

系是俄罗斯大学教学与科研的分支机构，系的领导机构主要包括系学术委员会和系主任。系学术委员会对系实施总的领导。系主任是系的行政领导，负责系里的各项日常工作，并对系的工作全权负责。系主任同时是系学术委员会主席。系主任由学校学术委员会或系学术委员会以无记名的投票形式选举产生，系主任确定后，校长与其签订聘用合同，系主任直接管理系的工作。系学术委员会的组建规则、运作程序、人员构成等均由校学术委员会确定。系学术委员会的主要工作包括：审议和批准系的工作计划，研究专业的教学计划并向校学术委员会提出补充和修改意见，决定专业的设置和撤销，制订专业教学计划和教学大纲，选举系主任，向学校学术委员会推荐教研室主任和教授，审查教学方法和大学生科研和实践报告等。俄罗斯国立大学的系规模比较大，通常在系主任之下设有一至三名系副主任，分管系的科研、教学、学生及后勤工作。

系的主要任务是按照俄罗斯国家教育标准与要求培养学生，并带领教研室开展教学方法、科研工作和德育工作。其中，对学生的日常监督包括学生学习的努力程度和坚定性，知识获取情况，课堂纪律遵守情况，对课程教学大纲的掌握以及独立工作能力等情况。日常监督的目的在于预警，督促学生提高学习积极性，并保证学生不因疏于学习而被开除。

4. 教研室

教研室是俄罗斯大学基层的教学科研组织机构。俄罗斯国立大学教研室一般由高级研究员、教授、副教授、初级研究员、讲师、助教、实验员以及研究生、进修生等组成。不同的教研室，其组成稍有差异。教研室的编制和审核、更改由大学主管副校长审批。教研室在编制允许范围内遴选候选人、实行聘任制。教研室通常设教研室主任 1 人，在一些大的教研室中，还会设置 1～3 人为副主任。为了教研室的日常管理也会设置相应的行政办公室和秘书职务。教研室的人数并不固定，小的教研室由 10 名教师组成，大的教研室可以多达 400 人。大学教师的聘任通常是在教研室层面进行，学校层面只负责拟定相关的聘任标准。根据《俄罗斯联邦教育法》《俄罗斯联邦高等教育和大学后职业教育法》等相关法律法规，教师的聘期一般为 5 年。

俄罗斯大学的教研室管理分为以教授为主的学术管理体系和以教研室主任为首的行政体系。教研室由教研室学术委员会进行领导，教研室学术委员会的遴选程序、委员会的组建、教研室职权运作规则、人员构成由学校学术委员会审定。教研室的日常行政工作则主要由教研室主任负责。教研室主任由校学术委员会或系学术委员会以无记名的方式投票选举产生。教研室主任选举产生后和校长签订聘用合同，教研室主任在任期内根据大学章程行使相关职权。

教研室的工作以教学和科研为主，教研室行政管理主要服务于教学和科研工作。教研室管理的主要对象是教师，针对不同利益诉求、不同年龄阶段的教师需要一定的管理技巧。以莫斯科国立师范大学教育学教研室为例，首先是选拔优秀人员进入学校教师队伍，教师的聘任和考核主要在教研室层面进行，为了以后能够更好地开展教学科研工作，教研室尽量选拔优秀的研究生充实教师队伍。俄罗斯大学对于新进人员在教学、科研上往往有比较高的标准，对于新进的青年教师，教研室也会提供相对完善的指导，并配备专门的导师指导青年教师的工作，同时，教研室主任也会针对青年教师进行专项辅导，以便青年教师能够尽快找到适合的科研方向，开展学术研究、发表论文、准备课程的相关辅导书籍。教研室大都会支持青年教师参加学术团体，并派遣青年教师前往国外进修和学习。对于 30～55 周岁的中年骨干教师，教研室则为他们组织定期的教研室学术讨论，支持他们参加国内外的科研活动，并协助相关的责任教授开展教学和科研工作；同时，教研室鼓励他们参与学校的决策，提高实践和管理能力，并推荐他们参与联邦或者州的各项决策。对于老年教师，教研室则为他们提供心理疏导，促进他们转型为督导和专家，通常在教研室主任下设有督导和监督机构。其中，对于专家型教师，则可以延长他们的工作年限（如 15 年或更长期限）。

在俄罗斯大学民主化和自主权扩大的背景下，很多教研室成员既是教研室学术委员会的成员又是学校学术委员会成员，以多重身份参与学校和教研室的管理，这无疑增加了教研室管理的复杂性，也使得教研室主任在管理中无法采取集权和专制的方式，更要注意发扬民主，创造和谐的团队合作氛围。教研室在做出决策时，会充分考虑专家教授的意见，并让专家教授承担更多教研室事务，增强他们的责任意识。

苏联时期，教研室的日常任务是高水平地组织和进行一门或几门学科的教学工作和教学法研究工作、学生的思想教育工作、本专业范围内的科学研究、教学人员的培养和业务进修等工作。[①] 后三个方面主要是辅佐教学工

---

① 上海外国语学院苏联研究所：《苏联高等教育文件选编》，上海外语教育出版社，1986 年版，第 71 页。

作，每一位教研室成员对其承担个人分工的教学工作完全负责。俄罗斯独立后，在国家的引导下，政府将科研职能从研究院转向大学，科研职能成为大学除教学之外的另一项重要的工作任务。俄罗斯相继出台了重点大学发展计划，建构联邦重点大学体系，科研反而成为重要的评价指标，同时强化了大学的科研职能；相应的，教研室在组织和开展科学研究方面发挥着越来越重要的作用。教研室的学术自主权也不断增强，体现如下：

①教师引进和考评权。根据大学章程的规定，教研室在教师引进、聘任、管理考核、评职等方面具有决定权，特别是教学和科研的自主权。此两方面自主权的扩大增强了教师的自主性和主动性，提高了教学和学术管理的效率和质量。

②学生招生的自主权。教研室在招收自费生时拥有决定权。

③对外交流合作的权利。参与国际科研项目的设计、交流合作也是教研室科研活动的主要内容。特别是俄罗斯高等教育加入“博洛尼亚进程”后，在国家政策的推动下，教研室积极参与欧洲各项项目的合作交流，包括吸引国际财政支持，积极参与欧洲科学技术计划及双边性科学计划，教研室牵头邀请外国专家来俄罗斯进行讲学和访问，提供优惠政策吸引留学生以及推动本教研室教师赴国外进修、交流和参加国际会议，等等。在对外进行科研合作签订合同时，教研室拥有自主签字的权力，无需征得学校和系的同意。

④课程设置和教材选择权。教研室一般拥有课程设置和教材、教法选择的自由。尤其是在现代技术高速发展的情况下，为了跟上时代步伐，学校鼓励教师采用新的教学技术，讲授新的现代实用性课程，保障教学质量，提高教学水平。在俄罗斯高等教育加入“博洛尼亚进程”后，俄罗斯国立大学的教研室正研究欧洲一体化进程中的人才评价标准，并结合国家标准，制定自己的学生培养指标，并相应地在课程设置、课程门类、教学时数、实践时数等方面进行改革，调整相应的教学计划、教学内容、教学设置和教学方法，以便使学生的培养指标更符合国际标准，从而提高俄罗斯大学毕业生在国际劳动力市场上的竞争力。

六、波兰大学治理体系

在中东欧国家的高等教育发展中，波兰可以说是独占鳌头。波兰著名的高等学府有华沙大学（University of Warsaw）、克拉科夫雅盖隆大学（Jagiellonian University in Kraków）、华沙工业大学（Warsaw University of Technology）等。波兰高等教育的迅猛发展，离不开其良好的大学治理体系，尤其是波兰政府于2018年出台了《高等教育与科学法2.0》，掀起了新一轮包括大学治理体系在内的改革，效果显著。克拉科夫雅盖隆大学与华沙大学进入2020年QS世界大学排行榜500强，排名分别为338名和349名。进入2020年QS世界大学排行榜500～1000强的波兰大学有14所，分别为华沙工业大学、波兹南大学、波兰矿冶大学、克拉科夫工业大学、格但斯克工业大学、罗兹工业大学、哥白尼大学、波兹南工业大学、格但斯克大学、罗兹大学、西里西亚大学、弗罗茨瓦夫大学、华沙生命科学大学、弗罗茨瓦夫理工大学。

（一）外部治理体系

波兰自1945年起开始实行中央集权的高等教育管理体制，大学教育的管理权和办学权被置于国家的严格控制之下，虽然转型后历经过两次大学教育改革，但并未从根本上改变中央集权的大学教育管理体制，直至2011年图斯克政府实施高等教育管理改革。图斯克政府的高教改革扩大了大学自主权，明确了政府和大学之间的权利和义务。图斯克政府颁布的《高等教育改革》赋予了高校独立法人资格，使大学拥有了高度的自治权，而政府被重新定位在审批新学校和专业的建立，监督、评估学校的办学质量，向学校依法拨款等职能上。

图斯克政府给予大学的高度自治权主要体现在以下几个方面：（1）大学享有充分的学术自由。教师的科学研究、学术成果不受任何行政机关、党派、宗教等方面的干涉，可以在任何时间、任何地点，在任何刊物或媒体公开发表其研究成果。（2）大学享有人员聘任权，学校自行决定教职工的聘任及其职务晋升。（3）学术研究享有经费保障和财产支配权。学校自主决定对政府拨款及自筹资金的使用，可以自主安排学校财产的配置。(4) 大学享有自主招生权。学校自主确定每年的招生数量，自主确定全日制和非全日制的招生比例，自主确定非全日制学生的收费额度。(5) 大学享有自主决策权。学校有权自主设置系、科、专业或进行相应调整，自主确定教学内容、教学方法、考试形式、学位授予，学校可以自由开展对外学术交流。现在波兰的大学决策权由学校选举产生的行政委员会负责，行政委员会往往由校长、教师、学生、家长等代表组成。学校校长、系主任等岗位职务也由教师、学生、家长等代表选举产生，政府并不直接任命学校的行政管理人员。(6) 大学下属学院也拥有一定的自主办学权。主要体现在国家可以将办学经费直接拨付到学院或教师，学院有权自主决定资金使用、教学安排、教师聘任等。《高等教育改革》明确了大学的自治范围，高校根据法律规定在其所有教育领域的活动是自主的，自主教学、研究和创作。中央和地方的政府机构仅在高校违背《高等教育法》的情况下才可以介入。

科学和高等教育部部长与高校的权限对比：大学的二级学院能够自主确定并开始新的研究领域；持有特许教师资格权利的大学可以完全独立地授予特许教师资格，其他学院则只能在接到部长的批准后，各分管副部长和国家认证委员会磋商后授予特许教师资格。此外，部长仅负责监督高校是否在法律和法规规定的范围内活动，监督大学所有有关公共高等教育机构的事项，包括国家教育政策以及高等教育部门的运作和发展；大学层次机构的法令不再由部长（或主管部长）签署；关于研究报告的规章，也不需要部长审批；学校二级学院的创建不需要申请并经过部长同意；如果新设学院满足要求，学校二级学院的分工无需申请并获得教育部长的授权；联合办学的协议和发放文凭的结论不需要经过部长同意；开办研究生课程，以及研究一般高校的不同领域，也不需要科学和高等教育部的意见和部长的同意；一所高校的二级学院的设立地址如与高校总部位于同一大都市区，也不需要经过部长同意。

其他政府机构与高校关系的变化体现在：波兰高校方面的主要政策由波兰共和国议会根据议会法案颁布，议会也可能采取指示性决议的形式作出。另一个机构是设在总理办公室的中央学位和职称委员会，该委员会授权满足相应标准的大学二级学院可以授予博士学位和博士后学位，对符合特定标准的大学教师，向波兰共和国总统申请可以授予其教授职称。代表学术界的高等教育总委员会由选举产生，并根据《高等教育法》依法行使职权。此外，由学术组织和志愿团体倡议成立的波兰研究型大学校长研讨会（CRASP）以及由学术团体和校长研讨会联合创建的国家认证委员会（SAC）在大学教育管理中都扮演了举足轻重的角色并极具影响力。其中，国家认证委员会的主要职责是向科学和高等教育部部长提出意见、建议或结论，以此对高校施加影响。

在高等教育改革实施的过程中，波兰各所大学以科学和高等教育部制定的《高等教育改革》《高等教育体制改革信息》之中的管理改革方案为基础，依据自身实际情况制定具体的实施细则，在高校教师委员会和评议会审议通过后予以执行。高等教育总委员会、中央学位和职称委员会及国家认证委员会则根据高等教育法的分工对其实施过程中出现的问题进行实时监督和管理。

值得注意的是，波兰大学治理呈现由“集约化”走向“分层化”的新趋向。在此之前，波兰大部分国家科研经费是依据高校组织机构而非个人的常规科研评价结果，以组织为单位进行拨款，即一种“集约化”导向的大学科研治理模式。目前，波兰政府授权成立了新的“国家研究委员会”（National Research Council），一方面将基础研究的科研资助决策权下放到学术共同体，另一方面全面实行竞争性科研资助机制。根据最新的科研体制改革方案，从2020年开始，波兰50%以上大学科研经费的拨付将实行竞争性机制。“国家研究委员会”是这次科研资助体制改革的主要执行者，其改革目的是要将传统的以组织机构为单元的非竞争性科研资助模式，转变为以个人为单元的竞争性科研资助模式；而且，“国家研发中心”（National Centre for Research and Development）也将重点采用竞争性机制支持应用研究和产学研协同创新项目。根据2011年的波兰高等教育改革方案，高校所有科研人员均实行竞争上岗，“国家科学中心”“国家研发中心”“国家研究委员会”对大学实行开放竞争性资助机制。

（二）内部治理体系

在图斯克政府之前，波兰大学的建立和运行，主要法律依据是1990年颁布的《高等教育法》和1997年颁布的《高等职业教育学校法》。其中，

1990年的《高等教育法》规定了公立大学的设立、转型、合并和撤销要通过议会审议：依照《高等职业教育学校法》设立的院校，由设立的部长理事会负责监管，教育部部长经与国家认证委员会（SAC）、高等职业教育认证委员会（ACVHB）会商后有权批准设立非大学型高等教育院校。波兰高校的管理机构由校长、院长、评议会和教师委员会共同组成，但是博士人数和普通学生人数所占比重较小，同时，校长的权力也受到极大约束，从而一定程度上减弱了管理的有效性。

2005年颁布的《高等教育法》适用于波兰现有的全部高等院校。在高校自主权方面，大学型和非大学型高校以及公立和私立高校之间没有区别，均实行校长（最高行政与学术首长）、学术委员会（由教师与专家组成）、决策委员会（由学术团体与行政团体组成）、咨询委员会（由社会各界人士组成）的治理结构，其中，学术委员会和决策委员会两机构将合二为一，共同履行职能。

波兰大学的内部管理机构包括集体领导和个人领导，其中集体领导机制是波兰大学治理体制的主要特征。集体领导机构包括评议会、教师委员会、基本组织单位委员会，个人领导包括校长、院长（财务和行政院长分别负责财务和行政事务，之前的行政主任被取代）。集体领导机构的评议会由校长、院长、具有博士学位的学术人员、其他学术人员、非学术人员和学生组织组成，其中非学术成员不超过10%，具有博士学位的学术人员和来自学生组织的人员不低于评议会成员的20%。校长和院长则由教师委员会（或分别由评议会、教师委员会）或选举团选举产生。

非大学型高校和私立高校的章程需由科学和高等教育部部长批准，并且私立高校的校长必须拥有博士学位。公立大学的章程由其评议会审议，以其法定成员的三分之二以上表决通过。学校评议会和校长之间的职权分配按照学校的章程行使。大学校评议会在其职权范围内，根据法律和法规的规定管理学校财务以及教学工作。评议会也负责确定学校的发展方向，批准和撤销教师委员会在学位课程学习领域的要求，考评校长的业绩和批准学校年度工作报告。

图斯克政府高等教育管理改革带来了一系列关于大学治理体制的变化。其中最重要的一条就是规定任命校长的方式，采取选举或竞争上岗，以便更好地从外界找到一个具有相当的大学管理经验的人。也可以从国外机构的人员中聘请校长，此举有利于高校了解全球教育发展新趋势。同时，依据新的规定，校长将被赋予更大的权力，对不符合正式条件和业绩要求的教师拥有破格聘任的权力，使得教师更乐意去不断提高自己的科研和教学工作质量。并且，校长对学校的行政机构和附属单位的管理、课程设置也有了更大的影响力，可以提出大学入学要求，包括学生入学水平（医学研究除外）、学习计划、课程方案要求等。

在学生参与治理方面，波兰高校也有自己的特色。大学内部分为校、院两级管理，学校设有评议会和教师委员会，均有一定比例的学生代表参加。另外，还专门成立了波兰共和国学生议会。学生作为学校的主体，其权益得到充分的尊重，学校作出的相关决议一般要在广泛听取广大学生的意见基础上方能通过和执行。在学生参与管理的方式和方法上，学校更注意灵活性和多样性，强调平等和双向，特别尊重学生自主权，注重学生自我管理和自我教育，保障学生的自决权、隐私权和言论自由。

值得一提的是，为全面推进大学教育体制改革，波兰政府于 2018 年 7 月出台的《高等教育与科学法 2.0》提出了“一揽子”综合体制改革方案，力图全面提升波兰大学教育整体质量和对社会经济发展的贡献度，充分释放大学教育科研创新的积极溢出效能。由此开启了波兰新一轮大学教育体制改革浪潮，对波兰未来大学教育可持续发展可谓战略意义非凡。根据《高等教育与科学法 2.0》精神，波兰新一轮大学治理体制改革的基本原则是：扩大大学的自治权限，增强大学内部治理能力；彻底解决大学治理行政负担问题，简化政府对大学监管规则，最大限度消除繁文缛节；建立多利益相关者共同参与的大学治理委员会，实现大学共治；推动学术评价向全球开放同行评审，实行代表作评价模式，以提升波兰大学的教学质量和影响力。①

一是建立大学共治新机制。波兰大学治理体系的改革目标是实现从传统学院制学术体系向战略领导型治理体系的转型，恪守学术自由传统，赋予高校更大的自治权。根据《高等教育与科学法 2.0》精神，大学需要有效平衡

① Ministry of Science and Higher Education Law 2.0 on higher education and science (Constitution for Science). Ministry of Science and Higher Education, 2018: 18.

自治和问责之间的关系，建立起良性、平衡的治理生态系统，鼓励校内外利益相关者积极参与大学治理，创建多利益相关者共治机制；消除高校管理的繁文缛节，降低行政管理成本，减少行政管制负担，建立起数据共享和风险防范质量保障体系。① 为推进大学行政分权化和大学治理专业化，《高等教育与科学法 2.0》规定所有高校设立大学理事会，推行理事会治理模式。大学理事会成员一般由学术共同体选拔出 7～9 名社会各界成员，要求其中来自政府、产业、社会组织等部门的代表不低于 50%。理事会的主要职责是制定大学章程，制定大学发展战略，批准学校财务预算，选任校长，任免理事会成员，决定博士学院的科学研究和教育项目，授予博士或博士后学位等。②

二是建立大学科研评价新体系。为充分发挥科研评价体系对高校科研卓越发展的引领作用，波兰政府拟按照国际科研卓越标准，构建新型科研评价体系，分为三大部分：基于出版刊物的绩效评价、科研非学术影响力方面的精准评价和国际同行常规评价。在借鉴英国“科研卓越框架”经验基础上，新体系大幅简化传统评价指标，同时补充科研非学术影响力评价指标；改变高校科研评价程序，实行代表性成果评价制度，由国家科学评估委员会每四年开展一次全国性大学科研质量评价；根据不同学科特点采取分类评价，在人文社科领域更重视国际顶尖论文和高质量著作等成果产出；遏制“要么发表要么出局”（publish or perish）的不良评价现象；实行同等对待负向（negative）和正向（positive）科研结果的评价方式，打破传统的仅认可正向科研结果的评价方式。③ 评价期间，教师仅展示其最具代表性的 4 项科研成果，引领教师更加专注于国际卓越的科学研究。而且，新评价体系更加关注跨学科究成果，根据 OECD 学科群划分标准，将原有 102 个学科整合缩

① Ministry of Science and Higher Education Law 2.0 on higher education and science (Constitution for Science). Ministry of Science and Higher Education，2018：18.

② Ministry of Science and Higher Education Law 2.0 on higher education and science (Constitution for Science). Ministry of Science and Higher Education，2018：18.

③ Bartkomiej Banaszak. The New Policy Framework for External QA in Poland in light of the Law 2.0 on Higher Education and Science，Ministry of Science and Higher Education，2018：13.

减为 44 个学科群。①

三是实行财政自治与绩效评价挂钩。针对长期以来波兰大学教育公共资源利用效率不高、投资不充分、经费监管流程过多、行政管理负担过重等问题，2018 年的新改革方案提出，政府应建立可持续性财政投资机制，诸如提高公共投资利用效率和财政分配透明度，扩大高校更大财政自治权限；进一步简化资助分配程序以提高公共资源利用率；通过公式化核心拨款预算模式、绩效为本资助模式、竞争性资助计划的“三位一体”资助机制以提高公共资助可预测性；通过公共科研创新资助体制改革以推动大学科研卓越集群化发展；鼓励大学教育资源投入多元化，采取激励措施促使高校获取更广泛的外部资金和创收。②

将原来基于科研单位或领域评价机制的科研财政分配机制，改为施行以国家战略目标为导向的资源投入与绩效产出深度结合的科研投资绩效评体系，以提高公共科研资源分配的透明化和科学性。在实施高校科研财政投资绩效问责制的同时，保障高校财政分配的高度自治权；继续采用竞争性资助机制，大力推进卓越计划项目；在政府与大学之间引入资金投入绩效协议，确立绩效目标，提供专项财政支持；以长期核心资助或战略性激励资助形式，为大学参与区域发展活动提供激励性支持；改进大学资金分配的灵活性，在规定年限未使用完的资金可保留到大学用于后续经费。③ 此外，波兰政府还采取逐年递增投入机制，在 2019 年大学财政投入占国内 GDP 比重为 1.2%的基础上，此后以每年 0.1%的速度增长，预计到 2025 年可达到 1.8%。④

四是实行双元并置博士教育体制。为满足国家对高层次人才培养的新需

---

① European Commission，Poland：National Reforms in Higher Education，https://eacea.ec.europa.eu/national－policies/eurydice/content/national－reforms－higher－education－50 _ en.

② Science in Poland，New version of the Constitution for Science－key solutions，http://scienceinpoland.pap.pl/en/news/news%X28058% 2Cnew－version－constitution－science－key－solutions.html.

③ Ministry of Science and Higher Education Law 2.0 on higher education and science (Constitution for Science)，Ministry of Science and Higher Education，2018：56.

④ Ludwika Tomala，Timetable for the entry of the provisions of Law 2.0 into force . http://scienceinpoland.pap.pl/en/news/news%X30527%2Ctimetable－entry－provisions－law－20－force.html.

求，波兰政府对博士研究生教育和学术职业体制开展了重大结构性改革。为吸纳和培养高层次卓越人才，充分挖掘学术研究人才潜能，建立高吸引力的学术职业生态系统，波兰政府出台了一系列推动博士研究生教育体制改革的新方案，采取学术型和产业型双元博士教育体制以全面提升博士研究生教育质量。《高等教育与科学法 2.0》首次实行跨学科博士学院教育模式和全院奖学金制度，在研究型大学和研究教学型大学设立博士研究生院，作为相对独立的博士研究生教育机构。政府将新型博士研究生院称为“未来科学精英的摇篮”。博士研究生院的主要任务有：建立新的教育质量评价体系，特别关注博士生就业率和博士学位投资回报率，对博士学位授权机构实行竞争机制，按照绩效考核结果拨款；提高博士研究生入学标准，重点考察博士生申请者的科研创新能力。

与此同时，此次波兰的新一轮改革将进一步增强新型产业博士研究生教育，建立高校与产业协同育人新机制，促进博士研究生和高校教师的跨部门流动；采取学术型导师与产业型导师的双元导师制度，其中，学术型导师主要负责监控博士生的科研质量，产业型导师主要负责监控博士生的产业技术开发创新能力。双元导师制有效地将科研领域和产业领域进行深度对接，以此增强博士生的科学研究能力、实践创新能力以及产业需求认知。并且，将跨学科研究作为博士生开展学术研究的主导范式，从而建立起跨部门、跨专业、多领域协同的交叉学科博士生培养格局。另一方面，取消大学博士研究生资助体制中的博士生附加津贴制度，借鉴德国博士研究生教育资助做法，改为对大学高质量博士研究生项目进行专项支持的竞争性资助方式；设立保障性奖学金制度，博士研究生院颁发的奖学金面向所有在读博士生，采取竞争机制，根据其科研成果质量考核结果进行等级分配。从 2019 年开始，波兰所有博士生都可获得不同等次奖学金；同时，还引入亲子休假制度，所有博士生都可享有（陪）产假或补贴等福利，双博士家庭的父母在孩子出生后都可享有一年期的（陪）产假。①

五是推行教师职业发展激励机制。波兰新一轮大学教育改革不再将特许

① Ministry of Science and Higher Education，The reform of science and higher education in Poland. http://gpseducation.oecd.org/Content/Map Of Education System/POL/POL−Note.pdf.

任教资格（habilitation）作为大学教授聘任的必要条件。同时，也取消博士研究生毕业后8年内获得该资格的硬性规定，为博士毕业生提供在高校从事教学和科研工作的“资格许可”（eligibility license），学术研究业绩突出的青年博士毕业生可不受年限限制，直接破格晋升为教授，从而保证其能够顺利开展高质量科学研究工作，消除因“特许任教资格”制度所导致青年科研人员难以享有独立开展科研项目和组建科研团队、平等获得科研资助的制度障碍。推行科研质量取向评价机制，不是根据教师在院系的职位高低而是根据其学术成果来促进青年科研人员学术职业发展；并且，为促进学术科研人员的流动，大学不得聘用本校毕业生留校或进入博士后岗位。另外，波兰《高等教育与科学法2.0》设立四级学术职位：特许资格教授（拥有博士学位和重大学术成就，且拥有跨国科研资助项目）、普通教授（拥有重要学术成就和重要国际科研合作资助项目，并拥有自己的独立科研团队）、副教授（博士学位获得者）及助理研究员（硕士学位获得者）。此外，为了实现高校教师队伍专业化分类管理，《高等教育与科学法2.0》规定了三种职业岗位：科研岗、教学岗、科研教学岗。特许资格教授将由国家科学卓越理事会（Council of Scientific Excellence）评定。该法希望通过“高质量继续专业发展项目”推动学术科研发展，有效提高教学质量，激发大学教师提升其教学创新、教学技能和多方协同能力。大学还应确保产业领域专家享有优厚的薪酬、职业发展机会和良好声誉地位，并保障大学科研工作岗位对优秀产业领域专家具有高吸引力，为此类型专家设立专门的“实践教授”岗位；专任教师可享受5%的税收减免优惠，以不断提高科研人员的最低津贴标准。①

六是实行高层人才流动与科研协同。针对波兰全球大学排名中卓越科研成果严重缺失、国际高被引论文表现欠佳、卓越研发创新国际化动力不足、博士以上高层人才国际流动性不强等问题、波兰的新一轮改革提出，国际知识流动是波兰成功获取世界最新优秀知识资本的重要途径，是提高国家知识创新能力和国际创新竞争力的新动力。故而波兰应积极参与国际高等教育、科研、创新知识网络。波兰政府为此制定更加广泛的可持续国际化战略，以

① Katarzyna Szelagowska Rudzka，Human Resources Management in Higher Education Institutions in Poland Management，2018，22（1）：12—25.

推动高等教育国际化行动计划。同时，波兰拟制定参与国家欧洲研究区路线图和欧盟科研创新框架的国家新型战略，拓展教育、科研、创新国际协同新机会，将国际同行评价机制融入整个国家学术研究领域，优先发展国际出版物，主动参与国际大科学研究计划，提高国际多边科研网络和科研团队的培养力度。此外，波兰还推动英语成为高校教学和科研的标准语言，鼓励青年科研人员到国外接受博士或博士后教育；加强与国外著名大学的跨国协同关系，创建深度开放的卓越大学教育系统，鼓励大学课程体系国际化，通过多元投资方式支持高校参与国际学术交流与合作，培养学生全球公民技能。而且，高校与政府联合组建“国家学术交流局”（National Agency for Academic Exchange），帮助波兰教师和学生出国访学、留学，为师生参与国际学术交流和国际科研协同提供高效服务，并同时吸引外国学者到波兰留学、访学。进一步加强政府、高校以及其他利益相关者协同关系，共同推动教育系统和国家劳动力市场国际化，不断完善国外学历文凭认证机制，放宽移民政策，鼓励留学生毕业后留在波兰。[①]

第三节　“一带一路”代表性国家大学治理的借鉴与启示

一、“一带一路”代表性国家大学治理的经验借鉴

（一）新加坡大学治理的经验借鉴

从新加坡大学治理改革的主要内容来看，其所蕴含的“分权、竞争、绩效、问责”做法具有浓厚的新公共管理的色彩。而新公共管理是以公司化和市场化为导向，强调通过以结果为导向的绩效合同、目标协议等治理工具以及引入企业的运作方式和管理技术来增强组织效率，提供优质的公共服务，

① European Commission，Poland：National Reforms in Higher Education. https://eacea.ec.europa.eu/national-policies/eurydice/content/national-reforms-higher-education-50_en.

并最终形成财务管理、成本控制、绩效评估、质量保障等一套完善的保障机制。新公共管理变革逻辑下的新加坡高校自主改革，通过改变大学法律地位促使大学从政府严密管控下的法定机构转型为拥有更大自主权的非营利性公司，大学从政府的管理中解放出来，享有了更多人事和财务方面的自主权，增强了活力，促使大学为其优秀人才、资源和声誉努力展开竞争。并且，为了贯彻政府意图和国家战略目标，在保障大学自主权的同时，教育部与高校签订各类绩效协议，以期通过实行更具弹性和灵活性的目标管理来达到对大学的“远距离控制”，具体表现如下。

1. 政府放权与问责相结合

作为法治国家，新加坡对公共部门的管理主要通过立法和修法方式来实现，因此法律规制发挥着“元治理”（meta－governance）的作用，即所谓“治理的治理”。对新加坡大学治理有影响的法律主要包括《南洋理工大学（公司化）法案》(2006 年)、《新加坡国立大学（公司化）法案》(2006 年)、《新加坡管理大学法案》（2001 年）以及《新加坡科技与设计大学法案》(2011 年)，前两个法案通过公司化改革使南洋理工大学和新加坡国立大学从法定机构转型为非营利公司，后两个法案则为新加坡管理大学和新加坡科技与设计大学提供了公司法下的法律规制。在大学公司化改革中，新加坡教育部以管理为导向，其改革目的在于使大学能够像商业公司一样进行高效和灵活的内部管理，从而提高大学应变能力和竞争力。尽管大学公司化之后其经费来源相对多元化，大学财政减少了对政府资助的依赖程度，但大学预算中仍有相当一部分依然被国家控制，这也给了新加坡政府介入高校发展的实质性权力。

此外，新加坡政府还通过政策协议、绩效协议和质量保障机制强化了对大学的问责机制，其中，政策协议和绩效协议将国家战略目标和政府意图嵌入高校发展规划之中，而质量保障机制则是以事后控制的形式确保高校接受政府和社会监督。因此，大学治理改革不能简单地理解为政府退出对大学的控制和管理，在大学公司化改革之后，政府对大学的管理表现为从“微观控制”转向“远距离引导”，由于政府规制依旧存在，只是以更加隐蔽的方式进行，因此我们可以将其理解为“集权的分权化”和“规制中的解制”的过程。公司化后的大学必须将“自主”转化为“绩效”与“问责”。新加坡政府迫切希望提升其高等教育在全球市场的竞争力，而大学自主改革正是为了创造有助于实现上述目标的制度环境，因其受到更多绩效驱动的评价和问责，新加坡大学在某种程度上面临着更多来自政府的控制。

2. 始终坚守学术自治

新加坡大学自主改革后，学术自治的经典价值依旧被尊崇，特别是学校章程在很大程度上为学术权力的行使提供了制度化保障，例如新加坡国立大学章程明确规定所有终身全职教授均是校评议会当然成员，而校评议会在学术单位的创建和调整、学术项目的审查和终止、学位的授予和撤销等重大学术事项上拥有独立完整的“自主决定空间”与权力，借此对学术治理发挥关键影响。由此，大学章程对学术权力的保障以及学术自由的固有传统维护有效抵制了政府对学术自治的侵蚀，尽管政府引入有“准市场”特征的竞争机制以及体现绩效责任的利益相关者引导机制，但始终不能触碰学术自治的界限。

3. 社会利益相关者的广泛参与

随着大学经费来源的多样化，第三方机构在大学治理中的影响正日益增强。1990 年，新加坡政府出资 10 亿新元建立大学捐赠基金（University Endowment Foundation，简称“UEF”），提倡大学从国营或私营部门尤其是校友和工商业筹措资金。UEF 的成立可以被看作大学减少对政府财政依赖以及社会利益相关者更多参与大学建设的重要里程碑。此外，特别是在大学自主改革之后，随着高校获得更多自主权，高校绩效评价和质量保障等问责机制得到进一步强化，来自社会领域的积极人士也获得了更多参与大学治理和评价的机会，尤其是在“大学质量保证框架”（QAFU）下，作为第三方的校外评估机构已经成为大学治理的重要参与者，反映社会集体规制的利益相关者引导机制得到进一步加强。

4. 学校管理层拥有更多的自由裁量权

在大学自主改革之后，新加坡的大学管理层获得了较高的自由裁量权，特别是在人事和财务方面。例如，与大学公司化之前相比，如今高校管理层能自主决定使用总预算的资金占比高达 20%，而且各院系和学术单位有权依据其具体需要、性质和绩效表现分配内部资金；同时，在学院层面，院长的管理自主权也得到进一步强化，院长可以在既定预算之内决定学院层面的财务事项，而且在聘任和解聘教师、考核绩效方面亦拥有了更多的自由裁量权，在获得教务长许可后即可做出决定，无需事事向教育部报请批准。此外，高校在学术事务上也有了更大的自主权，在不要求政府增加拨款的前提下，各学术单位能够自主进行新的学术项目，而在公司化改革之前，任何一个新的学术项目的开展，都需要事先报教育部获得批准。值得注意的是，即便近年来新加坡的公立大学获得了许多自主权，但新加坡教育部不允许学校的发展规划和重大决策与国家规划和政府意志背道而驰，实际上，大学公司化仅是新加坡政府为了提升其大学在全球的竞争力进而促进社会经济发展的手段，无论大学是否公司化，大学都被政府视为实现国家战略发展目标的政策工具。

5. 引入市场化竞争机制

由于特殊的社会文化传统和历史背景，新加坡的高等教育系统长期处于政府的严密控制下，在大学公司化改革之前，大学被视为政府的附属机构，学校内部事务受到政府的全方位管控。21 世纪以来，在全球化和新公共管理理念等因素的共同影响下，新加坡政府意识到传统的中央集权的大学管理模式已然不能适应快速变化的外部环境和愈演愈烈的全球竞争。为了提升新加坡大学在全球市场中的竞争力，高校自主化改革运动随之开展。在新公共管理理念的引导下，大学自主化改革引入了市场化的竞争机制，此种市场化竞争机制系以宣扬公共服务使用者的话语权和推行问责制为基础，强调高效率的公共资源配置，故其本质上就是“一系列旨在结合问责和效率的思想及工具”[①]。具体而言，市场化的竞争机制引入，一方面在于重构政府与大学之间的关系，即通过市场化改革以提升政府对公共教育资源配置效率，通过“用脚投票”提高大学的外部责任；另一方面在于增强大学的危机意识和应变能力，在大学公司化改革之后，一个重要的变化就是大学面临着更加激烈的竞争，这种竞争不仅反映在大学和大学之间，还体现在大学和其他研究机构之间以及大学内部机构之间，新加坡国立大学、南洋理工大学和新加坡管理大学在被鼓励差异化地开展学术项目的同时，还为人才、资源和声誉而展开激烈的竞争，大学被促使在角色分化和竞争之间取得新的动态平衡。

---

① Hartley Dean，Social Policy. Cambridge：Polity Press，2006：115.

概言之，新加坡大学治理现代化的经验表明，国家规制、学术自治、社会集体规制、管理层自治、竞争五种治理机制之间的互动关系，不应被简单地视为冲突对立关系，而是一种既动态制衡又合作互补的关系。由此可见，新加坡大学自主改革之后其大学治理中国家规制和学术自治的力量逐渐弱化，而作为利益相关者引导的社会集体规制、管理层自治和竞争的力量日趋增强，五种治理机制在博弈和互动中保持着某种相对平衡，展现出与欧洲国家大学治理变革相似的趋势。

（二）马来西亚大学治理的经验借鉴

马来西亚大学治理的经验体现在大学自治与问责并重。

1. 公立大学企业化改革

自 1998 年 1 月开始，马来西亚着手对其历史最悠久的马来西亚大学及另外八所公立大学进行了企业化改革。大学企业化改革后，政府撤销对公立大学的部分经费投入，大学需要通过创收来增加自己的运营经费。此时，马来西亚公立大学的运营将更像是企业，而不能再像过去那样待在象牙塔内。大学企业化改革不仅改变了马来西亚公立大学经费结构，也改变着公立大学的治理模式。

以马来西亚理科大学为例，在进行企业化改革后，学校新的治理结构的构成情况如下：（1）董事会作为大学的最高权力机关，负责决定大学主要的发展战略和发展方向。董事会由 8 名成员组成，即主席、副主席、1 名地方社区代表、2 名政府代表、3 名私营部门人员。（2）评议会，由董事会副主席担任主席，其成员包括代理副主席、各院院长、董事以及副主席聘任的教授，这种成员结构极大地构缩减了教师代表的人数。随着董事会和副主席等在大学上述两机构中获得较大的决策权，整个大学的运营更像一家大型企业，无疑，这种新的治理模式将有助于提高学校内部行政与管理的效率与效能。大学企业化改革，将“企业管理主义”的理念和做法引入到了公立大学之中。在企业管理主义理念影响下，所有学术单位必须拟定其发展战略规划并最终接受绩效考核评估，绩效差的单位则可能面临着被关闭的风险。

2. 创立特殊类型大学以实现大学自治

马来西亚推行公立大学自治改革的另一项重要举措是通过创建特殊类型

大学并赋予其高度自主权，来实现大学自治。马来西亚绝大多数研究型大学均是通过这种模式实现自治的。马来西亚政府最初是将 4 所大学升格为研究型大学，即马来亚大学（University of Malaya）、马来西亚理工大学（Universiti Teknologi Malaysia）、马来西亚国民大学（Universiti Kebangsaan Malaysia）和马来西亚博特拉大学（Universiti Putra Malaysia）。在此基础上，马来西亚又开展了加速卓越项目（Accelerated Programme for Excellence，简称 APEX）。2008 年 9 月，政府选定马来西亚理科大学为马来西亚第一所实施加速卓越项目的大学。根据该项目的规定，马来西亚理科大学享有完全的办学自主权，可以自主建立具有竞争力的招生体系，招募有能力的大学教师，自主追求研究的卓越，以提高大学的整体实力与竞争力。到 2015 年，上述 5 所大学均实现完全自治，而且，马来西亚理科大学则成为全国学术卓越中心。马来西亚政府希望借此确保优秀的学生和教师留在马来西亚的高校。

3. 提升大学人力资源的能力

优质的人力资源是大学发展以及实现大学转型为经济和社会发展主要推动力的一个重要因素。公立大学企业化改革伊始，人力资源管理体系即被引入大学，政府部门和高校都必须进行相应的改革和调整。具体表现在，相关政府部门及工作人员需要转变心态，其角色也将由“管理者”转型为“引导者”，并支持进行相关法律修改；在高校方面，其人力资源投资必须符合国家要求的标准，并不断完善其教师聘任和薪酬体系，同时保障教学和研究的质量。马来西亚提升大学人力资源管理能力主要是通过《国家 2020 年高等教育战略规划》来实现的。根据这一战略规划，马来西亚在几大关键领域采取了改革措施来完善高等教育部的服务体系，即：通过赋予大学更多的办学自主权，提升研究和创新以及改善教学质量；鼓励终身学习，增加大学教育机会，促进公平。而为了实现上述目标，马来西亚高等教育部已经增加了公立大学内教职工的数量，并给予获得博士学位教师更多晋升的机会，以及向有志于进一步深造的教师发放国家奖学金。通过各种鼓励和激励办法，激发公立大学教师提高自身的能力和水平。在重视提升大学教师能力的同时，政府还积极致力于提高大学行政人员的管理能力，以便他们可以有效且高效地领导和管理高校。为此，马来西亚于 2008 年成立了高等教育领导学院

(Higher Education Leadership Academy)，该学院隶属于高等教育部，主要任务就是通过提供相关且务实的领导力项目，以培养大学行政人员的领导能力，开发大学领导人员人才库，培育卓越文化。

4. 有序推进质量保障机制建设

要保障公立大学自治改革的顺利展开，质量保障机制不可或缺，否则大学自治改革只能沦为空谈。马来西亚建设高等教育质量保障体系已经有几十年的时间。近年来，马来西亚大学改革也将质量保障作为高等教育发展的重要支柱之一。马来西亚所秉持的基本信念是，持续的质量改善必须是大学教育机构发展的核心。一所自治的大学，必须通过透明且有效的管理并向其相关利益者负责，而问责的一个重要内容是这些大学所提供教育的质量。有鉴于此，马来西亚政府建立了认证机构，该机构正是“质量表明卓越”这一理念的典型体现，尤其是在马来西亚公立大学走向自治的背景下。2007 年颁布了《马来西亚认证机构法》。该法案的目标是向新近设立的马来西亚认证机构赋权以实施国家认证框架（MQF），为大学教育质量保障奠定基础。通过建立马来西亚认证机构，政府专门制定并颁布了国家认证标准指南。马来西亚认证机构建立后的另一个重要质量保障措施，是建立大学教育实践标准的国家规范。该规范为以下领域的基本要求制定了指南：愿景、使命和学习效果；学生选拔；课程设计和实施；支持服务；教育资源；领导、治理与行政；学生和教师评估；项目监测与审查；持续的质量改善等。此外，马来西亚认证机构还负责两个完全不同的认证，一是提供临时认证（provisional accreditation）；二是对大学根据既定标准授予证书、文凭和学位的正式认可(formal recognition)。马来西亚质量保证体系不仅成功地保障了由国家质量认证机构制定的质量标准，而且明确提供了从质量控制到质量保证并最终实现质量提高的路径。马来西亚政府坚信，教育质量作为公立大学自治与问责不可分割的一部分，是可以实现内部驱动和自我激励的。

（三）印度大学治理的经验借鉴

以印度理工学院为代表的多中心治理结构之所以能够发挥效益，在于其结构的稳定性与合理性，更为关键的是，印度政府、学校和社会三者在持续博弈中寻求到某种平衡。

1. 国家利益与大学利益的平衡

印度政府与大学的关系是在各种利益对立中的相互制衡。以印度理工学院为例，印度政府颁布了《印度理工学院法》确立该校国家大学的地位，赋予其较大的自治权，且为学院提供丰厚的教育拨款，但是，学院在享受这些权利的同时要履行同等价值的义务：一是学院应响应政府的号召，为印度培养大批信息技术人才，为世界提供源源不断的劳动力，这是国家和学校均一致认同的；二是学院会受到政府一定的行政干预，进而可能影响学校生源质量乃至学校后续的长期发展。例如，政府对学生的招生名额予以限制，对考试的语言的确定，扩建大学分校的批准等一系列行政干预，均会影响学校的发展。

2. 学术权力与行政权力之间的博弈

以印度理工学院为例，《印度理工学院法》虽然赋予了学校一定的自治权力，但是从其学校管理委员会和议事会两大部门的组成人员及其履职方面，我们仍能发现其学术权力会受到行政权力的干扰，并在一定程度上影响学术权力的发挥。学校管理委员会 9 名成员，除校长外，校内教授仅占 2 个名额，其余人员均为政府官员和社会人士，而议事会 6 名成员，除正副校长外，仅有 1 名教授参与其中。由此可见，学院教授的学术权力并未得到充分发挥，关于课程设置、考试评价、学位授予等事宜的决定均受制于行政权力。

3. 政府规制与市场调控的相互融合

以印度理工学院为例，该学院的发展一方面受到国家政府的规制，另一方面又受到市场调控的约束，学院如何在二者相互融合中取得发展显得至关重要。自 1990 年起，在联合入学考试中，印度政府引进 13 种“现代印度语言”，考生可以用这 13 种语言进行答题。政府的这一举措虽然保障了某些不懂英语学生的权利，却与市场对人才的要求相去甚远。政府的政策主要是保障大部分人，尤其是特定种族和特定部落的人群接受大学教育的权利，但这一保障措施只是让不懂英语的学生进入大学，而进入大学接受高等教育的目的是培养人才成为更优秀的自己，为以后进入社会做好准备，但当这群学生毕业进入社会后，会发现他们都达不到市场对人才的基本要求，更不用说走向世界了。

4. 高校发展和社会需求间的适度调适

以印度理工学院为例，该校与社会的联系日益密切。一方面，印度理工学院接受来自国内外企业、校友会、社会慈善人士的资助，为校园硬件环境的更新与打造奠定了雄厚的物质基础；另一方面，与学校合作的国内外企业在进行资助的同时，还积极为学生提供实践的场所，希望学校为企业量体裁衣培养其需要的人才。然而大学是研究高深学问的地方，如果仅是一味考虑获取企业的经济支持，那么势必影响大学特性和本质。

5. 通过权力互动实现政府、高校和社会三方资源的最佳配置

大学治理的本质就是实现大学、政府和社会三方资源的最佳配置，平衡三方共同治理大学的“度”，即建立起政府宏观调控、大学面向社会市场、自主办学的运行模式，而实现这种最佳模式的前提便是保障大学的自主发展，使得大学真正成为办学的主体。政府的宏观调控以及市场的调节仅是大学得以发展的手段，大学自主性的发挥才是最主要、最重要的因素。在创建这种最佳化模式的过程中，在外部治理方面，在政府的宏观调控下，大学要坚守自治和学术自由的传统精神，真正做到面向市场、自主办学，在竞争中以教学质量立足；在内部治理方面，大学仍需权衡好学校内部学术和行政权力的关系，努力保持自身发展思路。政府在大学的发展中需扮演好宏观调控者与资金提供者的角色，这就需要政府一方面真正做到对大学的发展进行宏观调控，为大学实现自治提供法律保障，另一方面对大学给予充足的财政支持，这也是大学得以持续发展的保证之一。同时，在大学教育发展中需合理借助社会的力量，以促进高等教育的发展。随着知识经济时代的到来以及高等教育大众化的推进，大学仅仅依靠政府与自身的力量来办学，势必会无法适应这种发展趋势所带来的一系列机遇与挑战。因此，借助政府的宏观调控，加之发挥大学自主性，合理整合社会资源，乃是一条促进大学优质协调发展的策略。值得警惕的是，大学在集合社会力量、面向社会、适应社会的发展需求的同时，不要一味做经济考量，否则势必导致大学本质的迷失。

（四）俄罗斯大学治理的经验借鉴

大学的自治和独立一直是世界教育改革的主要趋势，俄罗斯加入“博洛尼亚进程”时一个重要的门槛就是大学必须成为独立的自治组织。因此，俄

罗斯政府不断修订相关法律，不断增强大学自治的权力，以推动俄罗斯大学的国际认可度，使俄罗斯大学能够融入世界高等教育体系。在俄罗斯政府大力推动大学自治和自理的过程中，高校尤其是国立大学内部治理体系的改革成为关键因素。俄罗斯大学治理的下述经验值得借鉴：

1．国立大学的自主权不断扩大

俄罗斯政府不断制定相关法律法规，对国立大学的自治权予以肯定和确认。《俄罗斯教育法》(1992 年)、《俄罗斯联邦高等教育和大学后职业教育法》、《自治机构法》及《国立（市立）非营利自治组织法》(1996 年)、《俄罗斯联邦教育法》(2013 年)、《2025 年前俄罗斯联邦国家教育要义》等都确立了俄罗斯国立大学的自治权，对国立大学的办学主体、方针和财政拨款方式进行了规定。国立大学以其独立法人形式享有相应的自治权力，同时要向国家、社会和学生承担相应的责任。国立大学拥有独立的教学自治的权力、学术自治的权力、财政自治的权力、行政自治的权力，并在大学章程中予以明确规定。国家法律、政策在保障国家教育的统一性的基础上，充分地增加国立大学的自主权。政府通过法律和政策支持和引导国立大学的自治。

俄罗斯国立大学自治权扩大的原因有三：首先，由于政府经费短缺，无力全面提供大学所需经费，被迫放权的结果；其次，由于世界高等教育中民主、自治思想潮流的全球扩展，俄罗斯政府想要让其高校取得世界认可，融入世界大学教育体系，就必须让大学的变革更符合世界主流价值观；最后，基于政府职能转变的需要，在强调缩减政府权限的情况下，政府无法再对国立大学进行全面的管理。

俄罗斯国立大学拥有自主权以及自主权的不断扩大是政府外部治理改革的结果，同时为大学内部治理体系的改革提供了可能性。历史经验表明，国立大学在没有自主权的情况下，是无法进行内部治理和管理变革的。

2．教授治校的权力得到不断落实

俄罗斯高校致力于理顺校、系、教研室三方的关系，与此同时，进一步明确三方的权、责、利，并按照学术自治、民主管理的原则规范运行。系是行政机构，教研室是教学和科研组织，教研室采取以教研室主任为首的行政体系和以教授团体为主体的学术委员会的治理体系，共同分工负责教研室的各项事务。教师则是学校、系和教研室学术委员会的主要代表，可以通过各种渠道参与大学事务管理，体现了教授治校的基本理念。教授治校的模式表现为教授群体有更多的机会和权力参与学校、系和教研室的各项事务管理中去。当前，在俄罗斯国立大学中，学术委员会是大学、系、教研室最主要的管理机构，学术委员会的大多数成员由教授构成，教授可以通过投票表决等方式、多种渠道对学校管理中各级组织机构的事务直接决策。由此，教授治校的权力通过学术委员会的功能的发挥得以实现。

3. 多主体参与的“国家—社会”治理模式初步形成

根据《俄罗斯联邦高等教育和大学后职业教育法》第十五条规定，高等教育和大学后职业教育体系中的社会组织及“国家—社会”团体依照俄罗斯联邦法律开展其活动。由学生组成的社会组织可以代表大学生的利益。在高等教育和大学后职业教育体系中，可以组建各种非法人的“国家—社会”团体，如大学教学方法联合会、科研方法委员会、科学技术委员会以及其他委员会。“国家—社会”团体由国家教育管理部门批准建立，各团体经这些管理机关的批准后可开展自己的活动。大学教学科研人员和其他人员，在高等教育和大学后职业教育体系中的机关、企业、组织的工作人员则是根据自愿原则加入“国家—社会”团体。“国家—社会”团体可以依照俄罗斯联邦法律吸纳外国人、外国法人、无国籍人士参与自己的活动。国家高等职业教育管理部门、高校学术委员会研究、分析并对“国家—社会”团体、社会组织提供的建议，然后考虑是否采纳。

从上述法律规定中可以看出，俄罗斯政府正在建设一种由“政府—社会—校长—教师—学生”多主体共同参与的联合体，这也是俄罗斯国立大学内部治理民主化的主要表现。尤其是政府、社会共同参与国立大学的治理模式，增强了国立大学与外界环境的联系，拓展了社会参与国立大学治理的途径，也符合现代大学治理建设的需要，展现了现代社会民主化的治理理念。

（五）波兰大学治理的经验借鉴

波兰《高等教育与科学法 2.0》引领的新一轮大学教育体制改革，是波兰政府全面提升大学教育质量和国际竞争力的一项重大战略举措。本轮改革是波兰大学教育改革史上的一次重大转型，涉及大学教育体制诸多深水区问题。波兰新一轮大学教育体制改革在诸多方面体现了国际大学教育发展的基本规律和未来趋向，可以为我国带来相关经验借鉴，具体如下。

1. 引入“分布式卓越”原则，引领大学教育质量全面提升

波兰新一轮大学教育体制改革以国际卓越为标准，积极吸收主要发达国家先进大学治理经验，确立了“分布式卓越”（distributed excellence）的基本原则。波兰分别启动了“教学卓越计划”“科研卓越计划”及“国家和区域卓越计划”；创办“旗舰大学”作为国家研究型大学，走向世界一流的“领头羊”，并通过跨部门科研协同、加强国际科研协同以开拓大学科研创新质量的新路径，将波兰的学术研究引入全球知识网络。“分布式卓越”作为全面提升大学教育质量的新模式，突破了传统“卓越计划”仅局限于国家顶尖高校的范畴，意在通过分层、分类治理模式，开创国家高等教育整体动态协同发展的新格局，以全面提升大学教育质量。

2. 遵守科学研究范式转型规律，突出大学基础研究的社会贡献能力

随着创新驱动知识经济对大学基础研究新需求不断增强，科学研究范式也正在发生重大转型，以大学为核心场所、以学科为本、以科研组织同质性为基本特征的传统知识生产模式开始走向以应用情境、跨学科、科研组织异质性为核心特质的知识生产模式。波兰新一轮大学教育改革，强调全方位科研协同，顺应了当代大学基础研究的基本规律和主流趋向，充分展示了学术自由与国家责任可以并行不悖的新格局。新的科研评价体制在注重科研卓越的基础上，引入了科研方面非学术影响力评价的新要素，以此强化大学基础研究服务区域创新的时代要求，即一方面通过产学研跨部门协同直接服务国家经济发展，另一方面通过知识交换新范式来推动科研成果转化。

3. 遵循高层次学术人才成长规律，建立“双元”博士教育新模式

博士教育作为高层次人才培养的关键环节，是国家高端人才走向世界一流的一项重要保障，也是高校跻身于世界一流大学之林的决定性因素。波兰新一轮的大学教育改革，一方面是通过对博士教育结构性改革以全面提升博士教育质量水平，加强产业博士人才的培养力度；另一方面通过改革学术职业结构，大幅提升教授和博士毕业生地位，通过限制博士毕业生留校制度，消除学术“近亲繁殖”的不良现象。此外，波兰政府还非常注重加强高层学术人才的国际流动，着力培养具有国际竞争力的高端人才，并开拓国际高端人才市场以吸纳海外优秀毕业生。

二、“一带一路”代表性国家大学治理对我国的启示

（一）外部治理方面：促进政府角色由直接控制转向宏观调控

首先，政府主管部门应明确自身定位，将大学与社会紧密结合。政府应意识到自身只是大学的创办者，要从原来的控制者逐步转为服务提供者；另外，利用社会市场调节作用以引导大学发展方向。其次，促进政府从宏观规制调控转型为保障性调控。换言之，政府不再对高校进行事无巨细的调控，而是通过目标管理方式，服务保障高校。最后，政府对高校应由单维调节转为多维调节，通过制定政策法规、国家财政拨款、提供信息服务等多种手段，调控高等教育，弥补原先的单一性调节的不足。

完善外部治理结构，必须实施管办分离、政校分开。实施管办分离、政校分开就需要重新界定大学与政府、社会之间的关系，以破解大学办学自主权和独立性问题，变革政府与大学之间的行政隶属关系，赋予大学高度的办学自主权。我国大学与政府之间的关系应做到：一是明确界定政府在大学治理中的角色定位，寻求大学管理与政府调控的最佳契合点。重新调整、界定、缩减和转换政府的权限范围，保障大学作为学术组织的性质，使政、校之间权责清晰、职责明确。二是保障大学自治，将大学的举办权、管理权、办学权下放到学校层面。当然，大学自治绝不意味着政府完全地退出，只是从“全能政府”转向“有限政府”，政府主管部门应成为教育各主体关系的协调者、教育供给的倡导者、教育秩序的维持者，在宏观调控、教育制度安排、教育公平环境建设等方面发挥其应有的作用。三是确保大学为学术组织，而非一级行政单位，努力建构“党委领导、校长负责、教授治学、民主管理”的现代大学管理体制。

（二）内部治理方面：实行教授治学、民主管理、社会参与、依法治校

从大学治理的微观层面讲，要进一步解放思想，完善内部治理结构。高校实行党委领导下的校长负责制，践行教授治学、民主管理、社会参与、依

法治校。学校行政事务由校长统一领导，副校长分工负责。学校设立相关行政职能部门，组织管理，提供公共服务。高校应逐步将行政管理权力更多赋予“学术委员会”“学位委员会”等学术组织机构，其中，尤其需要注意加强学术委员会的建设。

在现代大学治理体系中，学术委员会是大学最高学术机构，它是大学治理体系的核心。学术委员会依照相关法律、法规及学校章程，行使学术事务的决策、审议、评定和咨询等各项职权，在学科建设、人才培养、学风建设、学术评价、学术发展等事项上起着至关重要的作用。学术委员会根据具体需要，可下设若干专门委员会，具体负责校学术委员会授权的相关学术职责和学术事务。各专门委员会向校学术委员会报告工作，接受其领导和监督。学校行政机构和学术委员会各司其职。学院等二级教学科研单位和研究机构可进一步设立学术分委员会，负责管理各单位的学术事务，同时接受校学术委员会的指导和监督。并且，大学可设立理事会，理事会是就学校发展进行咨询议事与监督的机构，由举办者、共建者、合作者、学校和来自社会各方的代表共同组成，按照理事会的章程运作，可广泛吸纳社会力量参与大学治理。

最后是制定校院两级管理制度，推进高校学院制建设，提高学院的办学活力。高校应对校、院、系的权责进行合理划分，将行政管理、学术权力下放到学院，进一步改进学院的管理团队和决策机制建设。

（三）建立多元主体参与的协同治理模式

我国政府与大学的关系，在很多方面与俄罗斯较相似，也经历了社会转型，也是从高度集中的计划经济体制下的集中治理模式向市场经济体制下的分权化、市场化转变。改革开放以来，随着社会主义市场经济体制的建立，政府对大学的治理模式也随之发生了变化，管控的力度逐步减小，大学也获得了一定的自主权。因此，从历史演进的维度看，我国政府与大学的关系也是由政府控制向大学自治转型。政府对大学的管理方式逐渐从直接控制转为间接监督，这既顺应了世界大学教育发展的趋势，也是大学发展规律的内在诉求。进入 21 世纪，我国大学外部治理模式正在向“以市场机制为导向，以政府调控为主导，以学校办学为主体和以社会参与为基础”的方向发展。

从政府和大学关系的趋向上看，政府正改变过去对大学的直接干预，更多的通过教育立法和竞争式拨款以及各项政策的制定，指导大学运行和发展，对大学实施间接调控。

社会与大学的关系，应从二者壁垒分明，转变为社会逐渐参与大学治理。今天的大学已经不再是完全游离在社会之外的象牙塔，在知识经济的时代，大学已然成为生产力的代表，成为社会的中心。而且，在民主社会中，公众对自身利益的关注空前，具有强烈的权利意识，公众在进行教育消费的同时，也要求大学必须对公众的利益切实承担起自己的责任。高等教育作为准公共产品，其财政来自公共税收，这也为公众参与大学治理、对大学进行监督提供了理论支撑，因此，当今大学必须要考虑学生作为消费者的利益诉求，并以此作为调整大学发展的依据。

（四）以创新为动力推动大学的一流发展

在知识经济时代，知识和智慧正日益成为创造价值的生产力，科技和创新能力也成为国家实力的重要体现，作为知识和智慧、科技和创新能力载体的人力资源的重要性空前高涨。人才和科技成为一个国家软实力的标志。而大学是培养人才、创新科技的主要场所，大学决定了一个国家的发展潜力和实力。

随着全球化进程的不断推进，世界上所有的国家均面临全球化的外部环境，充满了国际比较和竞争，而大学教育是竞争的重要领域。“国强则大学强，大学强则国强”已然成为一种共识。基于此，发展中国家要想在国际竞争中占据有利位置，就必须大力发展教育事业，才能最终实现国家富强和民族振兴。目前，我国正在进行世界一流大学建设，我国大学必须要承载起强国富民、振兴中华的使命。我国大学的知识生产与创新必须要和民族国家的富强紧密相连，这也成为完善政府与大学外部治理关系的主要依据。

第四章　城市型大学治理体系与治理能力现代化的现状、理论与实现

第一节　城市型大学治理体系与治理能力现代化的现状

近年来，城市型大学高度重视治理体系与治理能力现代化，特别是党的十八届四中全会以来，诸多城市型大学全面总结自身建设、发展的成功经验和深刻教训，在法治轨道上推进大学治理体系和治理能力现代化，取得了令人瞩目的成果。目前，城市型大学治理体系与治理能力现代化的共识已经形成，依法治校稳步推进，治理体制机制不断完善，现代化治理观念明显增强。

同时，必须清醒看到，同高等教育现代化的发展要求相比，同推进城市型大学治理体系和治理能力现代化目标相比，同城市型大学对自身的期待相比，城市型大学治理还存在许多不适应、不符合的问题，主要表现为：治理主体有待更加明确，治理权限有待全面厘清，治理规范有待健全完备，办学理念有待重塑更新，法治方式有待普遍适用，民主管理有待深化提高，协同创新有待实质提升，信息技术有待深度推广，评价体系有待科学改进。这些问题是城市型大学发展道路上的“拦路虎”，必须下大力气加以解决。

一、治理主体有待更加明确

当前，城市型大学大多属于地方政府举办的公立高校，实行“省市共建、以市为主”的管理体制。在实践中，城市型大学基本形成了“省属市管”的局面，即财政经费划拨、人员编制等主要由市级政府管理，高等教育业务由省级政府教育行政主管部门管理。这种办学体制有其优势，即可以同时得到省市两级政府的共同关注和支持，但是其劣势也显而易见，即城市型大学常常被视作行政事业单位，其管理模式的行政色彩较为浓厚，而高校自身的办学自主权受到较为明显的限制。

客观地说，作为高校的举办主体，地方政府顺理成章地成为高校的治理主体，尤其是在高校的顶层设计和行政管理这两个方面，地方政府都发挥着决定性作用。比如城市型大学的办学规模、发展定位、社会功能等诸多方向性、根本性、全局性的问题及其解决，很大程度上取决于政府决策。在实践中，政府可以轻易地通过制度设计、经费划拨、办学评估、人事任免等方式决定城市型大学的发展路径和办学水平。

近年来，随着我国高等教育管理体制改革的全面推进和不断深化，政府适当放权、高校自主管理的呼声愈发密集，诸多地方政府与其举办的城市型大学已达成了改革共识，其中之一就是传统的“政府主导、行政管理”的模式已然不适应高校治理体系和治理能力现代化的要求，高校治理主体应当走向多元化。具体而言，城市型大学治理应当坚持高校自主办学、政府宏观调控、社会积极参与的基本方向，完善党委领导、校长负责、教授治学、学生参与、民主协商、社会协同的治理体系。

二、治理权限有待全面厘清

目前，城市型大学在治理方式上大体呈现出习惯用行政控制，不善于统筹协调的局面。必须看到，“行政控制型”的治理模式仍然深刻影响着城市型大学的运行。其主要表现包括：在治理权限上以行政力量包揽，在治理方式上靠行政部门主导，在治理手段上以科层制和行政手段为主，在行动程序上主要遵循行政首长负责制和自上而下的体制与程序。与之相比，其他主体参与大学治理的范围和程度非常有限。①

“行政控制型”的治理模式造成了权力运行的单向状态。实践证明，大学内部的政治权力、行政权力和学术权力一般集中在学校组织结构的顶层。比如大学的人财物等主要管理权还是集中在学校一级，学校行政管理工作仍维持着行政机关从上到下的命令执行方式，基层学院的自主决策权和行动能力较弱，基本上按照学校的行政命令办事。对此，有调研报告指出，除了武汉大学等个别高校，很多大学中重要的人事决定权、财务支配权等都在学校一级。在 35 所被调研的高校中，有 5 所高校仍完全实施学校“一级管理”体制，人事、财物和主要事项由校级统一管理；有 26 所高校实施的是权力部分下放的校院两级管理，即学校领导层将事权下移，但与事权相应的主要财权和人事权仍然归校级决定；只有 3 所高校的学院拥有了与其完成相关事项责任相对应的主要人事和财务管理权，实现实质性分权的学校只占调研学校的 8.7％。②

高校治理体系和治理能力现代化要求“多元共治”，传统“行政控制型”的治理模式已是明日黄花。然而，如何落实以学校党委领导下的“多元、平等、协商、共治”为核心的现代“多元共治”理念，如何达成多元主体的价值共识，如何科学划定多元主体的权责边界，这些关键问题仍然有待进一步探索解决。

三、治理规范有待健全完备

规范是治校之重器，良规是善治之前提。高校治理体系和治理能力现代化必须依靠健全完备的治理规范体系。目前，城市型大学治理过程中，有的规范不符合城市型大学建设的客观规律，有的规范针对性、可操作性不强，在规范制定工作中部门化倾向、争权诿责现象较为突出，制定规范的体制机

① 陈金圣：《重塑大学治理体系：大学治理能力现代化的实现路径》，载于《教育发展研究》，2014 年第 9 期，第 20～26 页。

② 详见刘亚荣、高建广、梅强等：《我国高校实行校院两级管理体制改革的调研报告》，载于《国家教育行政学院学报》，2008 年第 3 期，第 68～76 页。

制有待完善，规范的科学性、民主性有待提高，某些重点领域尚缺乏对应的规范。比如大学章程的制定就往往出现以下问题：

首先，制定、修改大学章程的体制机制有待健全。大学章程的制定和修改应该主要依靠大学的领导者、教职工和学生，然而普通教师和学生群体参与其中的途径和渠道并不丰富、畅通，对于大学章程所涉及的重大利益调整，实践中缺乏相应的论证咨询机制，其草案公开征求意见和公众意见采纳情况反馈机制也并不完善，因此，大学章程在广泛凝聚共识方面尚有较大提升空间。

其次，大学章程对治理主体的权责规定有待完善。大学章程的规定大多数都是根本性、原则性的规定，因而其表述高度概括却失于笼统和模糊，缺乏可操作性。这就造成了大学章程在执行、适用上的模棱两可之处。

四、办学理念有待重塑更新

当前城市型大学治理体系和治理能力现代化的前提和基础在于如何准确定位、实现和谐发展。对此，《教育规划纲要》提出，要“引导高校合理定位，克服同质化倾向，形成各自的办学理念和风格，在不同层次、不同领域办出特色，争创一流”。

目前，部分城市型大学盲目追求大而全、“国内一流、国际领先”，脱离学校实际。实际上，我国高等教育发展的一个重要趋势就是高校与地方经济社会的互动。城市型大学应准确把握这一时代要求和发展趋势，明确自身使命，发挥特定优势，积极为地方经济社会发展服务。因此，城市型大学必须以服务地方为目标，围绕地方经济社会发展的大局，培养更多的经济社会与城市发展所需要的应用型、实用型人才。以城市为依托产生的城市型大学，只有在为地方经济社会发展服务中才能实现其价值。判断城市型大学是否取得成功，就要看它是否能够真正融入社会并为地方经济社会发展服务。

五、法治方式有待普遍适用

城市型大学治理体系和治理能力现代化必须在法治轨道上推进，这就要求大学治理普遍运用法治方式，提高法治思维的运用程度和以法治方式解决问题的水平。

要达成这一目标，必须首先根除人治的影响。实践证明，在大学治理体系和治理能力现代化的进程中，屡禁不止的人治倾向往往与官僚主义交织叠加，给依法治校造成障碍。目前，有法不依、执法不严、违法不究现象屡屡出现，权责脱节、政出多门现象仍然存在，权力运行不规范、不严格、不透明现象较为突出，部分领导干部依法办事观念不强、能力不足，知法犯法、以言代法、以权压法、徇私枉法现象依然存在。据粗略统计，党的十八大以来，仅中央纪委监察部网站“纪律审查”栏目公布的高校腐败案件，就已达50多起。[①] 这些案件中反映出的人治倾向，更是从反面证明了依法治校的重要性和紧迫性。

六、民主管理有待深化提高

大学治理体系和治理能力现代化离不开民主管理。当前大学内部已初步形成了“党委领导、校长负责、教授治学、民主管理”的现代大学管理体制，但是，这并不意味“共建、共治、共享”的民主管理已经实现。总体来看，大学内部的民主管理程度参差不齐，部分高校民主氛围相对淡薄、民主管理水平较低，其具体表现大略有二：

第一，民主管理意识相对淡漠。就行政管理者而言，不乏“当前制度够用，没有必要让教职工、学生群体参与管理”的论调。就普通教职工而言，其主人翁意识相对淡薄，或者因为缺乏经验、无法掌握参与度而不愿参与管理。就学生而言，他们普遍自我认定为被管理的对象而非管理者，进而认为学校事务与自身关联不大，从而疏远民主管理事务。

第二，民主管理程度相对较低。在实践中，教师群体往往将主要精力放在教学及科研上，对其他事务的参与度相对较低，而学生主要关注学习任务，其参与校务的意愿和能力比较欠缺。另外，高校教职工代表大会作为教

① 《高校腐败频发　十八大以来高校腐败案件已达50多起》，载于《中国纪检监察报》，2015年4月27日。

职工行使民主权利、民主管理学校的重要形式，其实际运行效果与这一制度的设计初衷存在差距，教职工参与代表大会的热情不够，致使代表大会的议事、决策等民主管理职能存在流于形式的情况。

七、协同创新有待实质提升

协同创新是推进城市型大学治理体系和治理能力现代化的应有之义，这就要求城市型大学对外处理好自身与政府、社会的合作关系，对内处理好内设机构、组织、师生等多元主体之间统筹协调、创新发展的协同事宜。

总体来看，当前城市型大学的协同创新在近年来取得了明显进步，但是，目前“大学校、小学院”有碍于协同创新的现象也比较常见。具体而言，政校合作、校际合作、校企合作、智库建设等事务最终往往由学校各部门决定；此外，学院在人才引进的层次类型、招生与培养的具体方案、科研经费的投入使用、学科建设的方向和投入、社会服务的取向和规模等事项上，往往受制于学校各职能部门。可以说，“大学校、小学院”显然限制了以学院为单位的自主、灵活的协同创新。

在“大学校、小学院”的模式下，协同创新往往以学校为单位，这就造成了两类现象：其一，挂名多，实效差。目前，高校存在主体机构、人事关系、评价机制等各种壁垒、障碍，在传统的部门取向、单位取向之下，各部门往往抱着“分学校蛋糕”而非“做自己蛋糕”的心态，以致协同合作可能流于形式。其二，协作缺乏合力。当前，一些重大项目的协作缺乏资源、要素的分享和共享，不利于多元主体积极参与，形成合力。

八、信息技术有待深度推广

教育信息化是教育现代化的重要内容和主要标志，信息化、技术化是推进高校治理体系和治理能力现代化的基本方式之一。近年来，城市型大学治理的信息化、技术化取得了长足进步。但是，与教育部《教育信息化 2.0 行动计划》的要求相比，与《中国教育现代化 2035》“建设智能化校园，统筹建设一体化智能化教学、管理与服务平台，推进管理精准化和决策科学化”

的目标相比，城市型大学的信息化、技术化建设还存在以下有待改进之处：

首先，高校治理过程中运用信息化、技术化方式解决问题、推动工作的水平有待提高。目前，居于领导岗位、治理岗位的管理者不能熟练运用信息技术的现象并不鲜见，面对线上教学、线上管理等时代要求，管理人员不能与时俱进的问题相对突出。

其次，教育管理顶层设计的信息化程度不尽理想。目前，很多高校全面利用大数据支撑保障教育管理、决策和公共服务的能力相对较弱，教育政务信息系统的全面整合有待强化，政务信息资源开放共享的程度有待提高，通过信息化、技术化改革降低管理成本，提升治理水平的工作有待全面推进。

九、评价体系有待科学改进

教育评价决定办学导向。当前，大学评价体系的功利化倾向值得警惕和反思。这种功利主义的价值取向，在现实中主要表现在以下两个方面：

一是效益化倾向。大学的发展离不开充裕的经济支撑，但是，目前政府对于公立高校的拨款比例大约维持在学校总收入的 50%左右，学校一半的办学经费还需要通过其他渠道，特别是利用市场机制来加以解决①。如此一来，往往有学校以经济收益作为评价体系的核心标准之一。

二是商品化倾向。评价体系与效益挂钩的恶果之一是短时间内很难获得经济效益的基础研究逐渐被疏远，基于市场需求的学术、科研商品化倾向日益明显。根据相关研究机构在全国政协委员中进行的科技评价活动调查问卷：57.0%的委员认为，目前我国科技评价活动存在“重形式走过场、重数量轻质量的倾向”；56.3%的委员认为“科技评价结果使用不当，助长了急功近利”。②

在效益化、市场化的评价体系中，教师的学术精神、学术信念就有可能屈从于收益计算，甚至出现个别老师一切向“钱”看的现象。必须看到，

---

① 顾远飞：《市场化背景下我国公立大学的经费来源及其行为研究》，载于《高等工程教育研究》，2011 年第 2 期，第 104～108 页。

② 马卫华、李石勇、赵敏等：《我国高校科研工作中的功利化倾向及对策探讨》，载于《科技进步与对策》，2007 年第 1 期，第 172～174 页。

"当学者被异化，危害的将不仅仅是学术和学术共同体内部，而且会毒害整个社会"①。

第二节　城市型大学治理的基本要素

要素，可以简单地解释为必要因素，即事物构成的最基本单位。从这一角度出发，城市型大学治理体系与治理能力的现代化，实质上是一个现代性因素在城市型大学治理过程中不断增加的过程。就此而言，厘清城市型大学治理体系与治理能力现代化的基本原理，其第一要义在于厘清这一过程中的基本要素。

既有的研究思路倾向于分类列举相关因素进行研究，内部因素如治理规范水平，治理主体素质，规范执行者、适用者的能力，外部因素如政治因素、经济因素、文化因素、社会因素，等等。

我们认为，所谓要素具有两个特征：一是要素须存在于事物之内而非之外，二是要素意味着它是构成某一事物"不可或缺""不能再分"的基本单位。因此，很多内部因素、外部因素并不直接等于要素。

一言以蔽之，我国城市型大学治理体系与治理能力的要素有三，即治理权限、治理主体、治理能力。这三个要素的现代化决定了城市型大学治理体系与治理能力的现代化，在这一现代化建设的过程中，这三个要素具有决定性作用，围绕着这三个要素的创新来设计制度、落实规范、形成治理体系、强化治理能力，进而实现城市型大学的提升，无疑是当前我国城市型大学治理体系和治理能力现代化的第一要义。

一、治理权限：厘清权限、优化权能

当前，城市型大学大多属于公立性质，其体制机制带有明显而深刻的国

① 《高校屡陷舆论风波　商业化、功利化倾向引争议》，中国新闻网，http://www.chinanews.com/edu/2011/06-03/3087199.shtml.

家主导色彩，政府既是高校的举办主体，又是高校的顶层设计主体和管理主体，无疑对高校的发展方向、发展路径、发展速度等诸多环节发挥着决定性作用。毋庸讳言，政府的治理思路、方式、能力直接主导着城市型高校的治理体系和治理能力现代化的进程。

近年来，对政府主导的城市型大学办学模式的讨论越来越深入，随着我国高等教育管理体制改革的全面推进和不断深化，政府适当放权、高校自主管理的呼声愈发密集，与之相应的学术研究不断深入，行之有效的改革措施持续涌现。总体而言，目前无论是政府还是高校，在诸多基本问题上已达成了共识，其中之一就是政府适当放权、高校自主管理并不简单等同于否定政府管理，高校自行其是，而是厘清权限，优化权能，使城市型大学的治理体系和治理能力达到现代化水平。

（一）政府以统筹协调为工作着力点

从既有的城市型大学治理体系和治理能力现代的改革、探索实践来看，政府应把工作着力点放在把握政治方向、协调各方职能、统筹高校发展、督促依法履职、创造发展环境上。

这一认识首先源于城市型大学发展、提升的现实状况。要言之，城市型大学的发展、提升深刻依赖着政府提供的外部支撑。从既有的经验事实来看，诸多城市型大学的办学经费、相关资源、发展政策等外部供给决定了其存在的样态，因此，城市型大学的办学规模、发展定位、社会功能等诸多方向性、根本性、全局性的问题及其解决，很大程度上依赖于——在某种特定条件下可以说取决于——以政府为主的外部支撑。客观地说，政府处在城市型大学发展、提升的核心地位，在实践中，政府可以轻易地通过制度设计、经费划拨、办学评估、人事任免等方式发挥对城市型大学的影响力。

在这样的大环境中，政府的组织和运行模式决定着城市型大学的教育管理权，具体而言，包括人事、财务在内的多种权力实际上由政府所属的多个部门共同行使。诚然，这些部门总体上属于同一政府，它们彼此之间相互合作，但是，这并不意味着在实践中各部门对于高等教育改革形成了统一认识，其具体工作达到了如臂使指、整齐统一的程度，而这种状态多少会影响政府整体上对城市型大学的有效治理。

有鉴于此，在全面推进城市型大学治理体系和治理能力现代化的进程中，必须突出政府对高校治理的统筹协调。实践经验证明，在政府的统筹协调之下，政府所属各部门在城市型大学发展问题上如能达成共识，构建体系、形成合力，就能有效推进城市型大学治理体系和治理能力的现代化。就此而言，无论是政府还是高校，都应当从系统整合、统筹协调的原则出发，构建各部门“协同联动”的高校治理体制机制。

为此，政府应当全面推进、强化所属部门树立“教育为本”“优先发展教育”的发展观，以深化高等教育综合改革、推进高等教育内涵式发展为发展方向，加强对城市型大学治理、发展工作的统一领导、统一部署、统筹协调；推动政府有关部门理顺权能边界，增强服务意识，强化协作协同，为城市型大学的发展、改革、探索提供应有的外部支撑；健全、完善政府及其所属各部门有关高校治理工作的体制机制，确保政府对高校治理的政策、部署能够及时有效地落实到位。

（二）推进政府统筹协调的科学性、有效性

当前，包括城市型大学在内的高校管理体制呈现出集中统一领导的鲜明特征，而在集中统一领导的过程中，政府的统筹协调权和宏观调控方式又对高校发展起着全局性、方向性、根本性的影响。如此一来，统筹协调和宏观调控的科学性、有效性就至关重要。

作为城市型大学的举办者和管理者，政府的政策对高校有着举足重轻的决定性作用，如果政策设计得科学、有效，无疑将极大推动高校办学资源和办学条件的优化、进步；反之，将导致高校发展遭遇困境，进而对高校治理体系和治理能力现代化造成负面影响。

就政府统筹协调的科学性而言，必须优化顶层设计，这是政府对城市型大学治理的前提条件。具体而言，就是正确认识高校的固有属性，尊重高校的治理规律，运用现代科学理论、技术及工具，从城市型大学的具体情况出发，同高校治理体系和治理能力现代化不断深化相适应，总结和运用既有高校治理的成功经验，围绕高校治理的重大理论和实践问题，推进高校治理的理论创新，制定符合地方实际、具有城市特色、体现高等教育发展规律的高校治理政策，为城市型大学治理体系和治理能力现代化提供理论指导和政策

支撑。而政府能否制定出符合普遍规律和地方特色的政策及规划，为城市型大学的管理和提升提供方向和指南，首先取决于政府的顶层设计，因此，优化顶层设计是健全、完善城市型大学治理体系和治理能力现代化的先决条件。

就政府统筹协调的科学性而言，必须构建实施体制机制，这是政府对城市型大学治理发挥作用的关键所在。我们认为，抽象、宏观的顶层设计只有转化为具体、微观的治理现实才有意义。顶层设计实施的体制机制应包括以下两方面：

其一，推进政府各部门的职能、权限、程序、责任制度化，政府各部门要坚持依法合规行使职权，规定职责必须为，未经授权不得为，既不能不作为，也不能乱作为，推行责任清单制度，为各部门、机构贯彻顶层设计提供明确的行动方案。

其二，健全依法合规决策机制，把多方参与、专家论证、风险评估、合规审查确定为政府对高校重大决策的基础程序，确保决策制度科学、程序正当、过程公开、责任明确，以推动各部门、机构积极贯彻政府决策，落实顶层设计。

二、治理主体：高素质的治理工作队伍

实现城市型大学治理体系和治理能力现代化，离不开高素质的治理工作队伍。当前，必须大力提高治理工作队伍思想政治素质、业务工作能力、职业道德水准，为加快高校治理体系和治理能力现代化提供强有力的组织和人才保障。

在治理高校的过程中，在厘清权限、优化权能的同时，必须认识到，高校并非被动、消极、单向地接受、执行政府的政策，实际上，高校有其主体地位，于治理而言自有其主动性、积极性和创造性，而这些则首先体现在高校的自主权上。因此，优化高校在治理体系和治理能力现代化的过程中的自主权，就成为高校治理的首要内容，在此基础上，我们认为，优化高校自主权的关键则在于高素质的多元治理主体构成的治理工作队伍，其中包括服务型行政管理队伍、创新型学术治理队伍。

（一）建设服务型行政管理队伍

高素质的行政管理队伍无疑是城市型大学治理体系和治理能力现代化的决定因素之一。

推进高校治理体系和治理能力现代化，必须从我国城市型大学的实际出发，而这一实际就是无论如何强调高校的学术性质、“教授治校”、学术权力，行政管理在大学建设中的地位和意义都无可否认和取代。考虑到城市型大学的举办、发展和提升的实际情况，行政管理的重要性会呈现得更加明显。对此，有学者认为，在高校发展变迁的历史中，大学的崛起和蜕变往往是由杰出的管理者所成就的，他们甚至能够创造一个新的高等教育时代。[①]如果从1949年以来我国高校发展的历史来看，可以说，一所高校的盛衰起落与行政管理的举措有着显而易见的因果关系。

目前，绝大多数城市型大学的行政管理主体包括以下两类：政府行政管理主体和高校行政管理主体。其中，政府行政管理主体主要包括政府及其相关部门的工作人员，高校行政管理主体主要包括高校所属各部门、院系的行政管理工作人员。这两类主体都为高校治理体系和治理能力现代化提供了强有力的组织和人才保障，它们都是当前我国高等教育体制下的关键角色。当前，在政府统筹协调、高校自主管理的改革趋势之下，高校行政管理主体对于大学的日常运行和改革创新尤其具有决定作用。

如何建设高素质的行政管理队伍？具体来说，包括以下三点：

其一，把行政管理队伍的思想政治建设摆在首位。行政管理人员必须自觉强化我国高等教育的理想信念，围绕“实现‘两个一百年’奋斗目标、实现中华民族伟大复兴的中国梦”深刻认识高等教育事业的发展方向、目标和任务。正如习近平总书记指出的，“办好高等教育，事关国家发展、事关民族未来”[②]，“教育兴则国家兴，教育强则国家强”[③]。高等教育是一个国家发

① 李欣然：《大学校长教育与政治的双重关怀及其困境——以蔡元培为中心的考察》，载于《高等教育研究》，2015年第6期，第91～95页。

② 《办好高等教育事关国家发展民族未来》，光明网，https://news.gmw.cn/2016－04/23/content_19820061.htm.

③ 《习近平在北京大学师生座谈会上的讲话》，中共中央党校，https://www.ccps.gov.cn/xxsxk/zyls/201812/t20181216_125673.shtml.

展水平和发展潜力的重要标志，尤其是在当下中国正处在深刻变革的关键阶段，高校行政管理主体的思想政治建设因而地位更加突出、作用更加重大。

其二，建设专家型、服务型的行政管理队伍。要言之，推动高校行政管理人员从官员型向专家型转化，进而推动高校行政管理从指令型向服务型转变。长期以来，我国的高校治理体系注重发挥行政管理体制机制的优势。这一做法符合高校作为特殊的行政主体的基本属性，有利于提升行政效率，但是，在实践中，也存在过于强调行政权力和科层化管理的情况，因而与高校的另一属性——学术性——往往产生冲突。就这一冲突而言，对高校行政管理模式改革的呼声日渐明确，其共识就是推动行政管理从指令型向服务型转化，即传统的行政管理模式中，行政管理主体习惯于通过行政手段督促教学、科研，而高校改革则要求行政管理主体为教学、科研提供服务，以凸显行政管理的服务功能。当前，对于这一课题的探索日益丰富，比如教育部提出取消学校行政级别，部分省份取消二级学院院长的行政级别，部分高校试行高校职员制，等等。

在这些成果的基础上，我们认为，建设服务型的高校行政管理队伍，首先，应当抓住领导班子建设这个关键，突出专业背景、服务能力，把善于运用专业思维和服务方式推动工作的人员选拔到领导岗位上来，畅通具备条件的专业人才担任行政管理职务的渠道；其次，应当更新行政管理人员考评标准，将服务绩效尤是促进教学、科研创新的实效纳入行政管理人员考评体系，对于服务成绩显著、贡献突出的行政管理人员不仅要予以奖励，还要优先提拔；最后，应当注重培养专家型服务队伍，为提升行政管理人员的服务水平和职业素养提供持续、切实、有力的支撑。

（二）加强创新型学术治理队伍建设

加强创新型学术治理队伍建设是城市型大学治理体系和治理能力现代化的关键所在。党的十九大明确提出要“实现高等教育内涵式发展”，这就要求通过大学治理体系和治理能力现代化促进教学管理、实施和评价的现代化，推进现代信息技术与教育教学深度融合，积极引导学生进行探究式与个性化学习，从而提升大学教育教学质量。要达到高校内涵式发展的要求，归根结底，要加强创新型学术治理队伍建设，提升高校学术治理水平和成效。

如何加强创新型学术治理队伍建设？首先，要明确高校学术治理的主体。高校学术治理主体是指高校学术利益的生产、分配、处分、收益的相关主体，这些主体影响着高校的学术生产，具体而言包括各种学术组织机构及其工作人员，比如学校、学院的学术组织、研究中心、学术委员会等评审机构。在推进校院两级管理改革的背景下，对于作为学术治理角色的这些主体，应当坚持“学术自治”的基本原则，适当扩大基层学术组织的自主管理权限，推进“学院办大学”的改革方向，在学术治理、学术发展的方向定位、政策制度、内容重点、协同合作、发展创新等根本性、方向性、全局性的问题上，赋予这些主体更大话语权。

其次，要健全、完善学术治理队伍的人才培养机制。第一，抓好学术带头人的培养，破除“领导班子”建设中片面、机械、僵化的行政思维，遵循学科发展、学术进步的内在逻辑来选拔学术领军人物，保持学术治理主体在学术权力上的相对独立，避免以行政权力干预学术治理岗位的调整，从总量上控制优秀学术治理人才充实到行政管理队伍的人员规模。第二，提升学术治理队伍的专业水平和职业素养，把学科、学术作为学术治理人员培养的主要内容，使得学术治理队伍能够深刻理解学术生产规律，立足学科前沿动态，把握社会发展方向，并据此推进学科提升、专业调整、治理优化，从而提升学术治理的有效性。

三、治理能力：增强协同创新能力

从治理的实质来看，大学治理实际上是对高校内、外部诸多利益的分配、平衡，在此意义上，主体之间利益关系、利益格局的合理化就成为大学治理的基本问题。在这一关系、格局中，高校与高校之间的关系，高校内部学科之间、院系之间、行政部门与学术组织之间的关系，深刻影响着大学治理的具体方式、实际效果。就此而言，我们认为，推动城市型大学治理能力和治理体系现代化，必须围绕城市型大学发展的共性问题，优化高校内外部关系，构建城市型大学共同体、增强协同创新能力，以凝聚共识，形成合力，集群协作，共同发展。

（一）推进高校探索机构、组织的调整创新

推进高校探索机构、组织的调整创新应当顺应高校组织、机构进化的基本趋势。一言以蔽之，高校组织、机构变化的基本趋势就是知识生产主体的多元化及生产方式的更新。

揆诸史实，不难发现大学知识生产大致可分为三种模式：第一，中世纪大学产生初期以知识活动的专门化、独立化和制度化为特征的知识生产垄断模式；第二，19 世纪 20 年代以来“大学—产业—政府”的“三重螺旋”模式，在这一模式中，产业成为知识生产的重要源头，大学回应产业的知识需求，政府主要通过制度供给协调大学与产业的知识生产互动；第三，现代社会中“大学—产业—政府—社会”四重创新系统，在这一模式中，社会既是知识生产的驱动者，又通过文化建构提供了新知识生产所依赖的环境。

从这三种模式的更迭、变迁过程可知，政府、行业、社会先后成为新的知识生产者，并对知识生产的方向、过程和内容产生了深刻影响。在这一从传统迈向现代的历史进程中，多元主体相互博弈、相互协作，共同创新知识生产，日渐打破传统模式下学科、院系彼此独立、孤立、隔膜的知识生产壁垒，向协作创新转化，整体改变知识生产格局。与这一变化相适应，原本森严的学科界限渐趋淡化，跨学科、复合型、交叉式的研究以及相应的大学组织、机构不断涌现、日益丰富、蔚为可观，高校组织、机构中“共同体”的趋向渐成潮流。当前的城市型大学治理体系和治理能力现代化，应当主动适应这一趋势，将协同创新作为高校制定和实施战略规划的核心，构建、发展高校治理共同体，重构面向学科融合的学术组织体系，唯此方能满足新科技、新产业、新时代对智力成果的需求。

当前，我国部分高校已经在学科重构、专业调整、院系改革等方面进行了大量探索和改革，但是，也应该看到，高校机构、组织的调整创新是关系全局的根本性变化，其重要性自不待言，其难度也不言而喻。从既有的实践来看，阻碍高校机构、组织调整创新的因素主要表现在以下两方面：其一，观念相对陈旧，对当代大学的组织、机构变迁的趋势和规律的认识有待提升。在实践中，往往制度已经更新而观念相对滞后，思想认识与制度运行之

间的冲突客观存在、相对激烈。其二，传统路径依赖。长期以来学科、院系彼此独立的体制机制形成的传统的行为模式和选择惯性，已经成为高校机构、组织调整创新的束缚。

目前，高校调整创新机构、组织的矛盾和问题交织叠加，探索、改革的任务依然繁重。如前所述，既有的实践探索大多将协同创新作为一种局部的、补充性的改革举措，因此，协同创新的意义有待进一步阐明，其战略地位有待进一步凸显。

（二）推动高校协同创新的共同体建设

推动高校协同创新的共同体建设，是缓解当前高校过度竞争、推动高校可持续发展的需要。就此而言，有学者认为，我国高等教育管理体制改革的基本方向之一，是构建以自由竞争为导向的高等教育市场，发挥市场在高等教育资源配置中的决定性作用。① 这一方向的提出有其时代意义，但是，将这一论断与当下高校的竞争现状，尤其是与城市型大学的发展环境相对照，则不难发现其弊端。

毋庸讳言，近年来，我国高等教育体制的市场化趋势日益增强，从经费到建设、从生源到师资、从硬件到软件、从行政到学术，在高校发展的各个领域、各个场景中，竞争已然成为贯穿始终的一条红线，基于优胜劣汰思维而制定的绩效考核、评价体系，都日渐成为高校治理体制机制的标配。客观来说，市场竞争的优点自不待言——打破计划思维、消除单位主义、激发高校活力、升级知识供给。但是，必须认识到，高校的本质属性毕竟不是经济单位而是学术单位，高校的社会责任远远高于经济效益目标。因此，过度的市场化和竞争导向，致使当前高校发展出现了一些新的问题，比如生存的原子化、发展的同质化、考评的绩效化、建设的功利化、管理的教条化，等等。

这些新的问题带来的负面影响不容小觑，首当其冲的是我国高校生态尤其是城市型大学的生态的良性循环，作为知识供给的学术单位，高校的知识

① 张应强、张浩正：《从类市场化治理到准市场化治理：我国高等教育治理变革的方向》，载于《高等教育研究》，2018 年第 6 期，第 3～19 页。

生产、创新有其内在的逻辑、规律和秩序，以市场化竞争刺激高校的知识供给，不得逾越这些由内而外生长出来的边界。不仅如此，高校是高等教育的平台，承载着丰富的社会价值，除了知识传承、科学研究，高校还要承担诸多凝聚人心、完善人格、开发人力、培育人才、造福人民的社会价值、文化价值，而这些价值也不能因为过度的市场化竞争而受到束缚甚至扭曲。因此，当前的高校治理体系和治理能力现代化，必须矫正当前过度市场化竞争的苗头，推动高校协同创新的共同体建设。

推动高校协同创新的共同体建设，要通过各种协作组织、机制、平台健全校际沟通，开展协同创新，实现跨域合作、优势互补、资源共享，构建协作体系，形成创新合力，提升协同效益。实际上，这一方面的成功先例不胜枚举，以高校战略联盟这一协同形式而言，目前国际上已有欧洲高等教育区、英国罗素集团、德国理工大学联盟、澳大利亚八校联盟，我国比较知名的有九校联盟（C9 高校联盟）、卓越大学联盟、北京高科大学联盟、G7 联盟（国防七校）、中西部“一省一校”国家重点建设大学（Z14）联盟等校际联盟，随着“双一流”名单的正式公布，各类高校学科联盟也在紧锣密鼓地组建之中。[①]

从治理体系和治理能力现代化的角度来看，高校协同创新的共同体建设意义非同寻常。高校协同创新的共同体不仅是一个利益共同体，更是一个价值共同体。作为一个共同体，各成员单位通过合作、互补、共享而拥有了更充沛的动力和更扎实的保障，他们不仅可以创造更大的效益，而且通过一致的价值追求，更好地承担起社会责任，更好地实现其公共价值。在此意义上，协同创新的共同体既是高校发展的新方向，也可以成为高校多元治理中的新成分，对于城市型大学治理体系和治理能力现代化有着不可忽略的重要意义。

---

① 《三大“双一流”学科联盟组建，顶尖高校纷纷加入》，搜狐网，https://www.sohu.com/a/271667520_232611.

第三节　城市型大学治理体系与治理能力现代化的总体要求

高校治理体系与治理能力现代化是当前城市型大学发展的时代要求和必然方向。2019 年 2 月中共中央、国务院印发《中国教育现代化 2035》，明确提出推进教育现代化的指导思想，要求以习近平新时代中国特色社会主义思想为指导，坚定实施科教兴国战略、人才强国战略，加快推进教育现代化、建设教育强国、办好人民满意的教育，大力推进教育理念、体系、制度、内容、方法、治理现代化。2019 年 10 月，党的十九届四中全会通过了《中共中央关于坚持和完善中国特色社会主义制度　推进国家治理体系和治理能力现代化若干重大问题的决定》，该决定指出，为了满足人民日益增长的美好生活需要，必须全面贯彻党的教育方针，坚持教育优先发展，聚焦办好人民满意的教育，完善立德树人体制机制，深化教育领域综合改革，加强师德师风建设，培养德智体美劳全面发展的社会主义建设者和接班人。

我们认为，加快推进教育治理现代化、深化教育领域综合改革，必须将推进高校治理体系和治理能力现代化作为当前的重大课题加以研究。其理由至少有二：其一，高等教育是国民教育的桥头堡和制高点，具备其他层次教育所不具有的学科、人才优势，高等教育对国家、社会价值取向、文化追求的引领、示范作用毋庸置疑；其二，高校是我国科教兴国、人才强国的关键节点，加快推进高校治理体系和治理能力现代化，带着我国的人才培养、科学研究、社会服务等诸多目标的实现，事关全面建设社会主义现代化国家的奋斗目标，事关服务于中华民族伟大复兴重要使命的实现。

当前，高校治理体系和治理能力现代化的研究日渐丰富，随着研究广度、深度的进一步拓展和深化，关于这一领域的基本概念、制度设计、理论内涵、实现路径等认识日益清晰，共识逐渐达成，即我国高校治理体系和治理能力现代化，并非对域外经验的简单照抄照搬，而是应当从我国高校的实际情况出发，立足我国基本国情、时代特征和历史任务来探讨相关课题。比如，阎光才教授认为“谈大学的治理，需要基于中国的现实语境来分析如何理解和实现中国大学的‘共治’议题，这个问题无法厘清，我们在实践中要建立一个相对成熟稳定的治理体系和实现治理能力的现代化就难以落到实处”①。

有鉴于此，推进城市型大学治理体系和治理能力现代化，必须以习近平新时代中国特色社会主义思想为指导，在理解习近平总书记关于高等教育的重要论述以及《中国教育现代化 2035》《教育部关于新时代加强教育科学研究工作的意见》等政策文件的基础上，从我国基本国情出发，同改革开放的不断深化相适应，围绕教育治理现代化的重大理论和实践问题，明确符合中国实际、具有中国特色、体现社会发展规律的总体要求，以期为高校治理体系和治理能力现代化提供理论指导和学理支撑。

在此基础上，我们认为，城市型大学治理体系和治理能力现代化的总体要求，包括以下五个方面：其一，坚持新时代中国特色社会主义办学方向；其二，提升一流人才培养与创新能力；其三，推进城市型大学治理的法治化；其四，推动治理方式信息化、技术化；其五，推进高校评价体系科学化。

一、坚持新时代中国特色社会主义办学方向

方向问题是一个根本性问题，它决定了事物的发展道路。习近平总书记多次强调：我们推进国家治理体系和治理能力现代化，要往什么方向走呢？这是一个带有根本性的问题，必须回答好。② 党的十九届四中全会通过了《中共中央关于坚持和完善中国特色社会主义制度　推进国家治理体系和治理能力现代化若干重大问题的决定》，总结了中华人民共和国成立 70 年来国家制度和国家治理体系的成就和经验，将“坚持党的集中统一领导，坚持党的科学理论，保持政治稳定，确保国家始终沿着社会主义方向前进”作为

---

① 阎光才：《关于当前大学治理结构中的社会参与问题》，载于《清华大学教育研究》，2020 年第 1 期，第 1～2 页。

② 《坚持和完善中国特色社会主义制度、推进国家治理体系和治理能力现代化，习近平总书记这样说》，中共中央纪律检查委员会、中华人民共和国国家监察委员会，http://www.ccdi.gov.cn/toutiao/.

13个显著优势之一。①

我国高校的政治属性决定了坚持新时代中国特色社会主义办学方向是列于首位的总体要求之一。高校所具备的政治属性已成为学界共识，比如美国高等教育学家约翰·S. 布鲁贝克（John S. Brubacher）的《高等教育哲学》开宗明义，阐明了高等教育的合法性依据问题，指出现代大学确立其地位的主要途径有两种，或者说存在两种主要的高等教育哲学，“一种哲学主要是以认识论为基础，另一种哲学则以政治论为基础”②。实际上，进入现代社会，大学已然不再是纯粹的追求学问、认识事物，以认识论为唯一存在依据的学术单位。揆诸史实，无论是中国的大学还是外国的大学，其角色、定位、功能、运行都与政治息息相关，历史经验表明，并不存在什么独立于政治之外的大学。要言之，政治属性已成为现代大学的基本属性之一。

就当前我国高校尤其是城市大学的治理而言，大学的政治属性更加彰明——这一关系主要通过高校与政府的互动体现出来。在高校治理体系和治理能力现代化的进程中，政府从政策供给、资源配置等诸多方面给高校提供了外部支撑，这种外部支撑不可或缺。客观地说，当下中国的高校尤其是城市型大学，倘若脱离了政府的外部支撑，其发展、提升无疑会举步维艰。

从政治属性来看，高校实质上是意识形态工作的前沿阵地。这就要求高校必须坚持新时代中国特色社会主义办学方向，坚持以习近平新时代中国特色社会主义思想为指导，全面贯彻党的十九大和十九届二中、三中、四中、五中全会精神，在党的坚强领导下，全面贯彻党的教育方针，坚持马克思主义指导地位。沿着这一方向，培养德智体美劳全面发展的社会主义建设者和接班人。

大学办学方向的问题，实质上关乎大学理念，关乎人们对大学的本质及其办学规律的哲学思考，其核心在于回答以下几个问题：什么是大学？怎么办大学？办什么样的大学？这几个问题是大学产生、发展过程中的基本理论问题和实践问题，关系到人们对大学的整体看法。结合当下中国的实际，不

① 《中共中央关于坚持和完善中国特色社会主义制度　推进国家治理体系和治理能力现代化若干重大问题的决定》，http://cpc.people.com.cn/n1/2019/1106/c64094-31439558.html.

② 约翰·S. 布鲁贝克：《高等教育哲学》，王承绪、郑继伟、张维平等译，浙江教育出版社，2002年版，第13页。

难发现这几个问题彼此勾连，其答案中贯穿着一条红线，这条红线即扎根中国大地，办出中国特色的大学——习近平总书记 2014 年 5 月 4 日考察北京大学时强调：办好中国的世界一流大学，必须有中国特色。没有特色，跟在他人后面亦步亦趋，依样画葫芦，是不可能办成功的。这里可以套用一句话，越是民族的越是世界的。世界上不会有第二个哈佛、牛津、斯坦福、麻省理工、剑桥，但会有第一个北大、清华、浙大、复旦、南大等中国著名学府。我们要认真吸收世界上先进的办学治学经验，更要遵循教育规律，扎根中国大地办大学。①

目前我国的高等教育实践距离这一总体要求还存在较大差距。历史经验表明，作为 20 世纪以来中国思想文化变迁的桥头堡，高等教育缺乏独立思考、不假思索“西化”的弊端最为普遍，其中尤其常见的现象是办学的理念、模式、培养体系、治理创新等方面都不同程度受到美国经验的影响。就此而言，有以下两点值得深入反思：

其一，“大学现代化”的内涵。在这个问题的讨论中，首先必须回答的问题是大学的“现代化”是一元化还是多元化。换言之，“现代化的大学”是否意味着大学只有一种模板，或者，更直接地说，所谓的现代化是不是以美国模式为范本的标准化？如果是一元化，那么，照抄照搬甚至邯郸学步都成为必然的选择。与之相反，外国学者对现代化中包含的多元化意象有着明确而理性的认识，比如加拿大学者许美德指出，应当尊重并认可“全球研究型大学”的模式，但是不应该让全世界的大学都成为这个模式的扈从，中国能够建立以儒家、道家等中国传统文化为基础的有中国特色的大学。②

实际上，高等教育从来都是一个体系、一个系统，高等教育的现代化问题不仅仅是孤立的教育自身的问题，它的现代化应与社会意识形态、经济形态的发展相适应、相协同。如果我国高等教育撇开政治属性、经济环境，不顾中国实际而一味从表象上跟从西方经验，那么这样的借鉴注定不能将域外先进经验与本土基本国情相结合。

---

① 《青年要自觉践行社会主义核心价值观——习近平在北京大学师生座谈会上的讲话》，共产党员网，http://news.12371.cn/2014/05/05/ARTI1399236440433514.shtml.

② 许美德、陈艳霞、王洪才：《文明对话与世界一流大学建设》，载于《重庆高教研究》，2018 年第 5 期，第 5 页。

就此而言，包括高校教师在内的高校治理主体的政治素质有待进一步加强。目前，从媒体报道的情况来看，高校教职工理想信念不坚定、政治不过硬的问题仍然存在，具体到教学或科研实践中，少数教师还表现出“唯西方化”“泛自由化”的倾向，以欧美国家的办学理念、办学模式为范本，撇开政治、经济环境因素，断章取义地寻找、谈论所谓的我国大学的问题，其间不乏以“学术自由”为名否定大学的政治属性、否定社会主义办学方向的个案。

其二，“一流大学”的内涵。目前围绕着我国如何创建“一流大学”的讨论，更多聚焦于大学的外在形态，也就是办学条件、办学经费、科研成果、师资力量等直观的指标来展开。相对于这一系列话题的热度，对“一流大学”的精神内核的讨论则显得冷清得多。我们认为，“一流大学”之所以被认可为一流，其根本在于大学培养了一流的人才，为社会和国家贡献了一流的价值，而这一进程时时处处与一个国家和社会发展的核心价值观紧密契合在一起。这一点，正如《中国教育现代化 2035》所指出的，“分类建设一批世界一流高等学校，建立完善的高等学校分类发展政策体系，引导高等学校科学定位、特色发展”，“以凝聚人心、完善人格、开发人力、培育人才、造福人民为工作目标，培养德智体美劳全面发展的社会主义建设者和接班人”。

有鉴于此，我们必须在城市型大学治理体系和治理能力现代化的实践中，坚持新时代中国特色社会主义办学方向。具体而言包括以下三方面：

第一，坚持用马克思主义和中国特色社会主义理论全方位占领高校、科研机构和高等教育研究阵地。党的十九届四中全会指出，“坚持马克思主义在意识形态领域指导地位的根本制度。全面贯彻落实习近平新时代中国特色社会主义思想，健全用党的创新理论武装全党、教育人民工作体系”，“深入实施马克思主义理论研究和建设工程，把坚持以马克思主义为指导全面落实到思想理论建设、哲学社会科学研究、教育教学各方面。加强和改进学校思想政治教育，建立全员、全程、全方位育人体制机制。落实意识形态工作责任制，注意区分政治原则问题、思想认识问题、学术观点问题，旗帜鲜明反对和抵制各种错误观点”。

第二，以“四个服务”作为高校使命的依归。在推进高校治理体系和治理能力现代化的工作中，要按照习近平总书记在全国高校思想政治工作会议上的重要讲话精神，将服务中华民族伟大复兴作为高等教育的重要使命，坚持高等教育为人民服务、为中国共产党治国理政服务、为巩固和发展中国特色社会主义制度服务、为改革开放和社会主义现代化建设服务。

第三，围绕“四个自信”培育优良的校园文化和价值追求。高校应当贯彻落实习近平总书记关于高等教育的一系列重要论述，坚持和完善党对教育工作全面领导的制度体系，坚持中国特色社会主义教育发展道路，坚持和贯彻社会主义核心价值体系，形成先进的高等教育治理理念，增强广大师生对社会主义办学方向的政治认同、价值认同、心理认同、情感认同，增强高校沿着中国特色社会主义方向发展的道路自信、理论自信、制度自信、文化自信。

二、提升一流人才培养与创新能力

人才培养是高等教育的核心内容，立德树人是我国大学的根本任务，也是大学治理体系和治理能力现代化的出发点和落脚点。但是，目前我国高等教育的实践与这一认识显然存在一定的差距。

近十余年来，出于自身发展、资源争夺等原因，相当一部分高校将科研作为发展提升的首要工作，其间，各项考评以科研为主、各类投入为科研保驾、各种工作为科研让路的做法亦屡见不鲜。高校的考评体系中，关乎科研的指标具体、明确、刚性，对论文、专著、项目的级别、字数、多寡等指标以“明码标价”的方式考评绩效、给予奖惩，与之形成鲜明对比的是，围绕着学生培养的课程讲授、实习实训的考评指标却相对笼统、模糊、弹性，其考评体系不乏惩戒却缺乏激励。两相对照，对科研的激励力度要远远超出对教学的激励力度——讲好一门课往往不如发一篇好文章，这就造成了教师讲课全凭“良心”的现象。长此以往，一些高校教师认为科研才是“王道”，教学凑合就行，或者把教学仅仅当成副业应付一下，教师不关注课程、教材、教法和学生，课程讲授墨守成规，大学课堂“水课”泛滥，教学质量饱受诟病。

与这一趋势相颉颃的是高校学生教育、管理思维和机制的问题。目前，高校学生教育、管理过程中存在忽视一流人才培养的总体要求，无视学生的诉求和需要的问题，以“管住”学生为中心，片面强调对学生的规训和管制，在学生管理中偏离了“德智体美劳全面发展”的方向，致使部分大学生缺乏理想信念，成为“空心人”而非社会主义建设者和接班人。这一类问题是大学内部治理亟须着力解决的核心问题。

实际上，这些问题并非我国特有，对于这些问题的全面、深刻的反思、批判也并非我国特有。哈佛大学前校长德雷克·博克在《回归大学之道——对美国大学本科教育的反思与展望》中指出，现在很多重要的大学课程都由缺乏经验的教师担任，在课程改革时，教师们对低效的教学手段、教学中不如人意的现象却视而不见。[①] 哈佛学院前院长哈瑞·刘易斯则指出，美国各顶尖研究性大学正为追求卓越地位展开空前的竞争，哈佛在激烈的竞争中所取得的成就可谓独一无二，但是，在这一过程中，哈佛忘记了本科教育的根本目的——把年轻人培养成具有社会责任感的成人。[②] 如果跳出资源争夺、绩效考核的逻辑来看大学的职能，则不难发现，大学的科研与人才培养之间并非对立，以大学的可持续发展而言，人才培养实际上是评价大学科研得失的重要标准。

可喜的是，轻视人才培养与创新能力的问题已经引起了高度重视。2016年全国高校思想政治工作会议、2019 年 3 月学校思想政治理论课教师座谈会召开以来，党和国家领导人反复强调，必须通过优化大学治理体系，在高校落实立德树人根本任务，强化人才培养这一首要职能。结合当前的形势，我们认为，在高校治理体系与治理能力现代化的进程中，城市型大学必须做到以下数端：

第一，聚焦教育首要问题。高校要从思想上高度重视“培养什么人”这一首要问题，在教育改革中贯彻以“学生为中心”“以本为本”的理念，通过优化人才培养方案、提升教学管理水平、强化教学资源配置等方面的举措，以个性化的指导和精准化的服务来提升高校的一流人才培养水平与创新能力。

---

① 德雷克·博克：《回归大学之道——对美国大学本科教育的反思与展望》，侯定凯、梁爽、陈琼琼译，华东师范大学出版社，2012 年版，第 21～38 页。

② 哈瑞·刘易斯：《失去灵魂的卓越：哈佛是如何忘记教育宗旨的》，侯定凯译，华东师范大学出版社，2007 年版，第 1～17 页。

第二，凸显政策育人本位。高校政策制定、资源配置、考评体系等体制机制要从单纯的“科研本位”转向凸显“育人本位”，要加大对教学相关的人、财、物的政策支撑、资源配给、考评改革，引导、督促高校教师围绕一流人才培养与创新能力的要求开展工作，通过教师分类管理，把优质师资投入到学生培养上，以培养出德智体美劳全面发展的社会主义建设者和接班人。

第三，提升课堂教学质量。与高校激烈的科研竞争相比，高校课堂教学的改革似乎波澜不惊、相对滞后。对此，高校应该围绕学生个性化发展的目标，改革传统的课堂教学模式，激励学生学习的能动性、积极性。城市型大学应进一步提升人才培养目标、专业建设规划的科学性，结合自身情况，改革、优化课程体系、教学内容、教学方法，摸索教学科研融合路径，完善教研质量监控和保障体系，突出一流人才的能力和素质培养，形成具有自身特色、契合城市发展、体现普遍规律的人才培养模式，从而杜绝“水课”，打造“金课”。

第四，加强课程思政建设。课程思政要求构建全员、全程、全课程育人格局的综合教育形式，将各类课程与思想政治理论课同向同行，形成协同效应，把“立德树人”作为教育的根本任务。课程思政要求高校将思想政治教育元素，包括思想政治教育的理论知识、价值理念以及精神追求等融入各门课程，潜移默化地对学生的思想意识、行为举止产生影响，引导学生树立正确的世界观、价值观、人生观。这就要求高校在教育改革的过程中，以协同育人的理念培养合格建设者和可靠接班人，以立体多元的结构实现知识传授、价值塑造和能力培养的有机统一，以显隐结合的方法贯通教学体系、教材体系、学科体系和管理体系，最终促成学生的自由全面发展，以科学创新的思维提高学生的思想政治素质，培养学生用正确的立场、观点和方法分析问题，把握历史和时代的发展方向。

三、推进城市型大学治理的法治化

依法治理是推进高校治理体系和治理能力现代化的基本方略，依法治校是健全现代学校制度的必由之路，依法治教是实现教育现代化的必然选择。

现代化的重要内容和表征之一就是法治化，这也是推进全面依法治国，实现国家治理体系和治理能力现代化的题中应有之义。党的十八届四中全会通过的《关于全面推进依法治国若干重大问题的决定》指出，法律是治国之重器，良法是善治之前提，法治是国家治理体系和治理能力的重要依托。《中国教育现代化2035》明确了推进教育现代化的基本原则之一是坚持依法治教，由此可见，依法治理高校是教育现代化的基础内容，它为教育现代化提供了规范和保障，具有不可替代的重要地位和作用。作为依法治国的重要领域，高校治理必须不断走向法治化，加快教育现代化、建设教育强国必须全面推进依法治教。

依法治教、依法治校有其明确的法律依据。《中华人民共和国宪法》明确规定国家发展社会主义的教育事业，提高全国人民的科学文化水平，举办高等教育，发展各种教育设施，鼓励依照法律规定举办各种教育事业。《中华人民共和国高等教育法》(以下简称《高等教育法》) 为我国高等教育的建设和发展提供了全面的规范依据和法律保障。在法律框架下，2010年《教育规划纲要》明确要求各类高校应依法制定章程，依照章程规定管理学校。2012年《高等学校章程制定暂行办法》则进一步规定，高等学校应当以章程为依据，制定内部管理制度及规范性文件、实施办学和管理活动、开展社会合作。可以说，当下我国高校的依法治教已经具备坚实的制度保障，高校治理法治化有章可据、有法可依。

与依法治教、依法治校的制度更新形成鲜明反差的是，实践中“能人治校”“精英治理”的惯性思维和现象仍然存在——高校在短期内实现跨越式发展，主要依靠的不是规范体系，而是高校领导卓越的个人能力。与这一现象息息相关的是一旦离开了这样的“能人”，该高校的发展就会大打折扣。我们认为，作为现代社会的学术组织，尽管高校有其自身的发展逻辑和办学规律——高校需要贤能的治理，但是，作为现代化的机构，高校的可持续发展不能仅仅寄望于贤能，而是需要依法治理。当前依法治教的首要问题，是如何将制度优势转化为治理效能的问题。换言之，即如何运用法治思维和法治方式治理高校的问题。

运用法治思维和法治方式治理高校，必须建立健全高校法治体系。这一体系包括完备的高校法律规范体系、高效的高校法治实施体系、严密的高校法治监督体系、有力的高校法治保障体系。就此而言，推进城市型大学治理的法治化，应该注意以下几个方面：

其一，严格依法办学。《中华人民共和国宪法》《高等教育法》等相关法律，既是举办高校的法律依据，也是高校运行必须遵循的基本规定，高校必须把相关法律的原则和精神贯彻到治理的全过程和各方面。

其二，完善高校规范体系。高校应当以章程为总依据，把构建制度体系作为依法治理的主要内容和重要抓手，从根本制度（章程）、基本制度和具体制度三个层次着手，建成内容科学、程序严密、配套完备、运行有效的制度体系，努力实现“良法之治”。

其三，强化规范执行力度。制度的生命力在于执行，制度的权威也在于执行。2019 年年底，教育部印发了《关于加强教育行政执法工作的意见》，明确提出要以法治思维和法治方法抓教育治理，推进教育治理体系和治理能力现代化。高校必须坚持在法治轨道上开展工作，创新治理体制，完善执行程序，推进综合治理，加快建设职能科学、权责法定、执行严明、公开公正的法治高校。

其四，加强法治教育工作。大学管理者、教师是依法治校、依法治教的主体，要带头加强法律知识的学习，并将其积极转化为法治思维和法治能力；同时，大学的主要任务是培养人才，要对大学生进行法治教育，培养其法治思维、法治意识、法治精神和法治能力，使其能够依法维护自己的合法权益，并积极参与大学治理和社会公共事务。

四、推动治理方式信息化、技术化

信息化、技术化是推进高校治理体系和治理能力现代化的基本方式。教育信息化要求在国家及教育部门的统一规划和组织下，在教育系统的各个领域全面深入地应用现代信息技术，加速实现教育现代化的过程。信息化、技术化为高等教育治理体系和治理能力现代化提供了条件，充分利用现代科技手段来改进高校教育决策、管理和服务模式，无疑能够增强高校科学办学能力，因此，大学治理体系和治理能力现代化，要充分发挥现代信息技术手段的作用，探索信息时代大学教育治理的新模式新机制。

教育信息化是教育现代化的重要内容和主要标志，是实现教育现代化的基础和条件，以教育信息化带动教育现代化是当今世界教育改革与发展的共同趋势。近年来，我国高度重视高校治理信息化、技术化。2018 年，教育部印发了《教育信息化 2.0 行动计划》，要求高校运用信息技术特别是智能技术的发展，推进教育治理能力优化行动，完善教育管理信息化顶层设计，提高教育管理信息化水平，推进教育政务信息系统整合共享，推进教育“互联网+政务服务”。2019 年，中共中央、国务院印发的《中国教育现代化 2035》高屋建瓴地提出：“加快信息化时代教育变革，建设智能化校园，统筹建设一体化智能化教学、管理与服务平台。推进教育治理方式变革，加快形成现代化的教育管理与监测体系，推进管理精准化和决策科学化。”

近年来，我国高校大力推进专业人才培养的信息化、技术化建设，在这一领域取得了一系列成果，与之相比，高校治理方式的信息化、技术化的成果则相对薄弱。

推进高校治理方式的信息化、技术化，就要实现高校治理模式的转型，即从传统的“管理”向“治理”转变，厘清高校与政府、社会的关系，明确权力边界，增强高校协同创新能力。我们认为，推进高校治理方式的信息化、技术化，必须注意以下数端：

一是实现治理思维模式的现代转型。要言之，高校治理思维模式必须从“管理”型思维向“治理”型思维转化。无论是政府还是高校自身，任何高校治理主体都应当善于运用信息化思维和信息方式解决问题、推动工作。与之相适应，在高校治理信息化、技术化过程中，要把善于运用信息化思维和信息方式的人选拔到领导岗位、治理岗位上来，推进治理队伍的信息化、技术化建设，提高治理主体运用信息技术的职业素养和专业水平。尤其值得注意的是，新冠肺炎疫情期间，全国高校积极探索运用信息技术手段推动学校管理，在线上教学、线上管理等方面取得了明显进步，其中蕴含的经验和认识无疑为高校治理信息化、技术化提供了宝贵经验和可行方案。

二是完善教育管理信息化顶层设计。教育部印发的《教育信息化 2.0 行动计划》提出，完善教育管理信息化顶层设计，全面提高利用大数据支撑保障教育管理、决策和公共服务的能力，实现教育政务信息系统全面整合和政务信息资源开放共享。就治理方式信息化、技术化而言，城市型大学应当在大学管理中引入信息化技术手段，提高学校管理、政策决策、校园服务的能力，提升治理过程、治理方式、治理结果的科学性、有效性、及时性，通过推动信息系统整合和信息开源共享，降低管理成本，提升治理水平，推动大学高效有序的现代化管理。

三是通过信息化建设推动教育改革。高校应当通过融合大数据、人工智能、云计算等现代科技，为教育改革提供助力。比如利用数据科技来收集、发掘和分析社会需求及其变化趋势，调整专业布局、学科结构、机构设置，优化人才培养机制，加强智慧学习空间建设，为教学提供智能化技术支撑，优化教学组织形式和教学技术，优化课堂管理，促进学习变革，实施学生学业数字化、动态化监测，为学生提供个性化的管理与服务，提高治理效益。

五、推进高校评价体系科学化

评价体系科学化是高校治理体系和治理能力现代化的关键所在。教育评价关系到办学导向。长期以来，很多高校重科研轻教学，究其原因，就在于评价体系不科学，单纯比成果、看排名，却不够重视大学立德树人的根本任务。科学的评价体系能够激发组织活力、推动机构变革，而不科学的评价体系则会桎梏员工的积极性与创造力，造成机构发展停滞不前。

近年来，我国高度重视教育评价体系改革，推进教育评价体系科学化。2020 年 6 月，中央全面深化改革委员会第十四次会议审议通过了《深化新时代教育评价改革总体方案》（以下简称《总体方案》）。会议指出，教育评价事关教育发展方向，要全面贯彻党的教育方针，坚持社会主义办学方向，落实立德树人根本任务，遵循教育规律，针对不同主体和不同学段、不同类型教育特点，改进结果评价，强化过程评价，探索增值评价，健全综合评价，着力破除唯分数、唯升学、唯文凭、唯论文、唯“帽子”的顽瘴痼疾，建立科学的、符合时代要求的教育评价制度和机制。《总体方案》提出结果评价、过程评价、增值评价、综合评价这“四个评价”，旨在破除以往教育评价的工具主义、效率主义和功利主义倾向，这与 2018 年 9 月全国教育大会提出的教育评价改革任务一气贯通，为未来深化教育改革指明了新的方向。

推进高校评价体系科学化必须改进结果评价，强化过程评价，探索增值评价，健全综合评价。其要旨如下：

改进结果评价。结果评价之所以成为教育评价的主要方式，其原因在于考评结果能够直接反映目标的实现程度，而且结果评价在实践中易于量化、方便操作。但是，片面追求结果评价的弊端也是显而易见的，比如在教学过程中轻视甚至忽略思维的培养，对教师的考评重科研轻教学，重数量轻质量。有鉴于此，改进结果评价，应当扭转此前片面追求结果的陈旧评价模式，优化结果评价的考评标准和指标体系，着重考评成果的创新价值，以全面真实地反映评价对象的真实状态。

强化过程评价。高校的根本任务是立德树人，而思想品德、人文素质的养成，更多地依靠教育的过程。因此，高校评价体系科学化的改革必须强化过程评价。为此，必须将评价对象在教学、科研过程中的全部信息纳入评价范围，不仅要展现立德树人的结果和成效，也要展现立德树人的变化过程。

探索增值评价。增值评价关注评价对象在考评期间的价值提升。这种评价方式不是以“结果”论英雄，而是以“进步”论英雄，不是在诸多评价对象间搞横向评比，而是对特定评价对象的纵向考量，它有助于促进评价体系从关注“成果”转向关注“成长”，从关注“物”转向关注“人”，从尊重评价对象的角度发挥评价的激励与促进作用。

健全综合评价。综合评价要求打破以往评价体系的片面性、单一化倾向，强调整体性、多元化的综合评价。当前，高校评价体系存在评价指标简单化、过程形式化等问题，比如评价教师单纯以论文为依据，而不是综合考评教育教学、立德树人的成效，评价高校单纯看硬件设施、成果数量，而不是综合考评包括文化理念、队伍建设、办学声誉等指标在内的整体办学水平。

如何推进高校评价体系科学化？我们认为，要实现这一目标，应当注意以下两方面：

一是转变评价导向。评价的目的不是为了排座次、争资源，而是为了以评促建、以评促改；评价不能片面追求结果，而是应当综合关注增值过程。在推进高校评价体系科学化的过程中，要坚持求真务实，着力破除唯分数、唯升学、唯文凭、唯论文、唯“帽子”的不良导向，杜绝急功近利、浮躁冒进的现象，促进大学内涵式发展和立德树人根本任务的实现。

二是更新评价体系。首先，要调整评价本位，回归“以学生为中心”“以本为本”，把人才培养作为最重要的评价维度，而不是简单、机械地以基础设施、科研成果、社会影响等要素为考试维度。其次，要创新评价方法，要充分运用定性和定量的评价方法，最大限度确保评价的科学性。最后，要扩大评价主体，除了政府、管理者之外，要吸收更多的评价主体参与评价，同时增加教师、学生等其他评价主体的权重，在某些指标的考评中，可以引入第三方评估。

第四节　城市型大学治理体系与治理能力现代化的基本原则

高校治理体系和治理能力现代化的过程，实际上是一个高校治理的现代性因素不断增加的过程。在这一过程中，诸多因素的取舍增减，应当符合教育事业的发展规律，服从特定原则的指导。

就教育事业的发展规律而言，在 2018 年全国教育大会上，习近平总书记指出，在实践中，我们就教育改革发展提出一系列新理念、新思想、新观点，主要有以下几个方面，坚持党对教育事业的全面领导，坚持把立德树人作为根本任务，坚持优先发展教育事业，坚持社会主义办学方向，坚持扎根中国大地办教育，坚持以人民为中心发展教育，坚持深化教育改革创新，坚持把服务中华民族伟大复兴作为教育的重要使命，坚持把教师队伍建设作为基础工作。这是我们对我国教育事业规律性认识的深化，来之不易，要始终坚持并不断丰富发展。①

就教育现代化的原则而言，《中国教育现代化 2035》明确了推进教育现代化的七大基本原则，即坚持党的领导、坚持中国特色、坚持优先发展、坚持服务人民、坚持改革创新、坚持依法治教、坚持统筹推进。

在此基础上，我们认为，城市型大学治理体系与治理能力现代化的基本

---

① 《坚持中国特色社会主义教育发展道路　培养德智体美劳全面发展的社会主义建设者和接班人》，人民网，http://edu.people.com.cn/n1/2018/0911/c1053-30286253.html.

原则有五：坚持党对教育事业的全面领导，坚持多元主体协同治理，坚持制度创新与文化塑造相结合，坚持依法治教、依法治校，坚持从自身实际出发。

一、坚持党对教育事业的全面领导

高校治理体系和治理能力现代化的核心问题是价值取向问题，以何种价值引领高校治理是大学治理体系和治理能力现代化的关键。高校治理的价值引领问题，关乎大学治理的方向、动力。如果说高校治理体系和治理能力现代化的实现离不开来自政府、社会的外部驱动，那么，价值引领则是高校治理的内在驱动的核心。

我国大学治理的核心价值引领，首先在于坚定社会主义文化方向。当前，要实现国家治理体系和治理能力现代化，首先要推进全面依法治国。我国宪法明确规定了我国的国家性质是社会主义。与之相适应，在文化制度的构建上，我国发展社会主义的教育事业，提高全国人民的科学文化水平。宪法还明确规定，社会主义制度是中华人民共和国的根本制度，中国共产党领导是中国特色社会主义最本质的特征，因此，推进国家现代建设必须坚持党的领导。在这一框架中，作为文化单位的大学要推进高校治理体系和治理能力现代化，必须坚持社会主义文化导向，坚持党对教育事业的全面领导。

在高校治理体系和治理能力现代化进程中坚持党对教育的全面领导，要求高校认识到党的领导是中国特色社会主义最本质的特征，是高校治理体系和治理能力现代化最根本的保证。把党的领导贯彻到治理的全过程和各方面，是我国高校治理的一条基本经验。党对教育的全面领导和高校治理是一致的，在高校治理的各方面必须坚持党的领导，党的领导必须体现在高校治理的全过程。

在高校治理体系和治理能力现代化的进程中，必须坚持高校党委建章立制、保证执行、带头遵守，把党委总揽全局、协调各方同高校各部门依法依章程履行职能、开展工作统一起来，善于在章程规范中体现党的领导，善于在干部选任中坚持党的领导，善于在治理实践中实施党的领导，善于运用民主集中制原则推进党的领导。

为此，必须确定坚持党委领导下的校长负责制是我国高校治理体系和治理能力现代化的核心标准。正如2018年5月2日习近平总书记在北京大学考察时强调的，“坚持办学正确政治方向”，“古今中外，每个国家都是按照自己的政治要求来培养人的，世界一流大学都是在服务自己国家发展中成长起来的”。[①] 坚持党委领导下的校长负责制，这是具有中国特色的大学内部治理制度，是中国大学制度文化的核心标准。我国现行宪法第一条明确规定，中国特色社会主义最本质的特征是中国共产党领导，而坚持党对教育事业的全面领导是我国基本政治制度、文化制度在教育领域的具体体现，也是我国大学治理体系和治理能力现代化建设的关键所在。因此，在高校坚定不移地坚持党的领导、树立党的权威以建构中国特色高校治理的制度体系和话语体系，把中国特色的制度优势转化为培养社会主义建设者和接班人的实效，是高校治理体系和治理能力现代化的本质要求和必然选择。

二、坚持多元主体协同治理

多元主体协同治理是高校治理体系和治理能力现代化的基本方略。这是解决当前高校治理过程中出现的问题的必然选择。

当前高校治理的一个突出问题是多元治理主体的协同问题，由于协同机制不顺畅，成员关系不紧密，高校在协作合作、资源共享、人才培养、成果转化、绩效管理、科研创新等诸多方面发展不够理想。具体而言，其主要表现有二：

其一，沟通协作不充分造成治理过程中挂名多、实效差的现象。目前，高校存在的主体机构、人事关系、评价机制的各种壁垒、障碍限制了多元主体的充分协同、积极参与，即使将这些多元主体组合到一起，鉴于评价取向仍旧囿于传统的部门取向、单位取向，各个主体也没有足够、持续的参与和贡献，更常见的心态是“分蛋糕”而非“做蛋糕”，多元主体彼此之间缺乏

① 《习近平在北京大学师生座谈会上的讲话》，中共中央党校，https://www.ccps.gov.cn/xxsxk/zyls/201812/t20181216_125673.shtml.

更紧密的合作交流。①

其二，资源共享不充分造成治理过程中未能形成合力的现象。当前，高校治理过程中一些重大的项目，一般需要诸多资源的有机整合，以期形成体系、发挥合力。但是，实践中往往只形成了浅层、表层的机械组合，实际上这些资源要素缺乏分享和共享，遑论达到“1+1>2”的优化状态。这不仅使得资源配置效率低下、效果不彰，而且影响了多元主体的参与积极性，进而影响治理项目的整体推进。

实际上，高校治理体系和治理能力现代化并非一个预先设计的静止状态，而是一个不断变化的动态过程，这个过程可以被看作多元主体互动、试错、博弈的过程。在这个过程中，多元主体通过相互激励而逐步相互适应，总结经验、吸取教训以修正错误、取得进步。这一过程中不断产生的新成就、新经验、新要求，可能与基于理性的预先设计有关，但是，它更多的是与多元主体互动、协同相关。换言之，高校治理体系和治理能力现代的过程，不可以由少数人坐在故纸堆里一拍脑袋构想出来，也不可以照抄照搬某些典章规范，而应该是高校的多元主体共同参与、互动、博弈的协同治理过程。

无论是理论研究还是实践探索，都不同程度地说明了高校治理中打破原有壁垒、完善体制机制以实现多元主体协同治理的必要性。实际上，在高校治理体系和治理能力现代化的过程中，坚持多元主体协同治理这一原则是由我国高校发展过程中的各种驱动力量及其对比关系所决定的。

当前我国高校治理中的驱动力至少包括以下四类：来自以政府为主的行政权力驱动，来自学术系统的学术权力驱动，来自高校的内部力量驱动（包括教师、学生的组织产生的力量驱动），来自社会的社会力量驱动。要取得这些驱动力量的平衡，在交织叠加的力量格局中解决多元利益的诉求，推进高校治理体系和治理能力现代化，必须坚持多元主体协同治理，以优化高校治理结构。

实践经验表明，我国高校治理结构优化的方向是多元主体协同治理。具体而言，必须坚持高校自主办学、政府宏观调控、社会积极参与的基本方

---

① 李芸：《高校协同创新机构中的协同度问题探析——基于“组织—治理”的视角》，载于《国家教育行政学院学报》，2017年第7期，第46页。

向，完善党委领导、校长负责、教授治学、学生参与、民主协商、社会协同的治理体系，建设人人有责、人人尽责、人人享有的高校治理共同体，加强系统治理、依法治理、综合治理、源头治理，建立中国特色高等教育治理体系，不断增强高等教育治理能力。

三、坚持制度创新与文化塑造相结合

高校治理体系和治理能力现代化需要制度与文化共同发挥作用，因此，在高校治理过程中必须坚持制度创新与文化塑造相结合这一原则。

制度与文化是一体之两面，二者互为表里。制度创新侧重于显性的行为规范，文化塑造侧重于隐性的价值导向。制度创新着眼于“硬治理”，文化塑造突出了“软治理”。因此，必须一手抓制度创新，一手抓文化塑造，大力弘扬社会主义核心价值观，弘扬中华民族传统美德，在校园中培育社会公德、职业道德、个人品德，既重视发挥制度的规范作用，又重视发挥文化的教化作用，以制度创新体现社会主义文化理念，强化制度对文化建设的促进作用，以文化滋养制度创新，强化文化对制度的支撑作用，实现制度创新和文化塑造相辅相成、相得益彰。

这一原则要求在高校治理体系和治理能力现代化的过程中做到如下数端：

其一，完善以大学章程为核心的高校治理制度体系。依照大学章程治理高校是治理高校的基本方式。推进国家治理体系和治理能力现代化，必须认识到“法律是治国之重器，良法是善治之前提”。与之同理，推进高校治理体系和治理能力现代化，也要认识到章程是大学治理的重器，优良的章程是完善的治理的前提。当前的高校治理必须围绕大学章程建立健全高校治理的制度体系，坚持建章立制先行，发挥建章立制的引领和推动作用，抓住提高制度设计质量这个关键，凸显社会主义核心价值观，体现中国特色社会主义高等教育历史使命，使每一项制度都符合时代精神、得到普遍拥护，彰显我国高等教育事业发展的新成就、新经验、新要求，在总体上保持制度体系连续性、稳定性、权威性的基础上推动制度与时俱进、创新发展。在完善以大学章程为核心的高校治理制度体系的过程中，要以科学原则、民主原则贯穿制度创新，完善党委领导、高校主导、政府依托、各方参与的制度构建格局，坚持立改废释并举，不断提高制度建设的质量和效率，增强章程和各项制度的及时性、系统性、针对性、有效性。

其二，提升以品质品位为主旨的高校文化塑造能力。党的十九大报告指出，文化是一个国家、一个民族的灵魂。文化兴国运兴，文化强民族强。要坚持中国特色社会主义文化发展道路，激发全民族文化创新创造活力，建设社会主义文化强国。习近平总书记在学校思想政治理论课教师座谈会上指出，要给学生心灵埋下真善美的种子，引导学生扣好人生第一粒扣子。① 这一重要论述要求高校在治理过程中必须提升文化塑造的品质品位，以高品质、高品位的文化建设，落实育人使命、以文化人、以美育人，提高学术水平、打造学术共同体，提升大学文化格调、启迪思想心灵、摒弃低级趣味。为此，应当在文化塑造的过程中推进“四个转变”②：由数量型向品质型转变，推动内涵式发展；由展示型向参与型转变，使参与者从中受益；由娱乐型向涵育型转变，实现潜移默化而非生硬说教；由品牌型向常态型转，克服形式主义。

四、坚持依法治教、依法治校

依法治教、依法治校是高校治理体系和治理能力现代化的基本方式。依法治教、依法治校是坚持和发展中国特色社会主义高等教育的本质要求和重要保障，是实现高校治理体系和治理能力现代化的必然要求。建设世界一流大学，实现大学立德树人的历史任务，推进教育理念、体系、制度、内容、方法、治理现代化，提高高校的治理能力和治理水平，必须全面推进依法治教、依法治校。

当前，我国高等教育发展整体上达到世界中上水平，开始与国际高等教育的发展理念、发展标准等最新发展趋势同频共振，高校治理中追赶与超越、借鉴与自主、跟跑与领跑交织交融，世界高等教育开始认真倾听中国声

---

① 《习近平：思政课是落实立德树人根本任务的关键课程》，共产党员网，http://www.12371.cn/2020/08/31/ARTI1598858053889244.shtml.

② 高翅：《推进大学文化建设“四个转变”》，载于《中国教育报》，2019年4月8日第5版。

音、融入中国元素[1]。在新形势下，我国高校面对的改革发展任务之重前所未有，风险机遇挑战之多前所未有，依法治教、依法治校在高校治理体系和治理能力现代化中的地位更加突出、作用更加重大。面对新形势新任务，高校要更好地统筹治理格局，更好地抓住当前的战略机遇，在深刻变革中既保持生机勃勃又做到井然有序，实现立德树人、跨越发展、科研创新、文化昌盛、生态良好，实现教育现代化的总体目标[2]，因此，治理高校必须更好地发挥法治的引领和规范作用。

我国向来高度重视依法治教、依法治校。长期以来，特别是党的十一届三中全会以来，我国就坚持以法治方式来普及九年义务教育，在中国教育法治进程中取得了重大历史成就。党的十四大以来，教育立法蓬勃发展，2010年《国家中长期教育改革和发展规划纲要（2010—2020年）》明确提出修订《教育法》《职业教育法》《高等教育法》《学位条例》《教师法》等六部法律。《中国教育现代化2035》明确要求推进教育治理体系和治理能力现代化，提高教育法治化水平，构建完备的教育法律法规体系，健全学校办学法律支持体系；健全教育法律实施和监管机制；提升政府管理服务水平，提升政府综合运用法律、标准、信息服务等现代治理手段的能力和水平；健全教育督导体制机制，提高教育督导的权威性和实效性；提高学校自主管理能力，完善学校治理结构，继续加强高等学校章程建设。目前，我国教育法律体系初具规模，高校法治建设稳步推进，依法治教、依法治校观念明显增强。

同时，必须指出的是，同高校治理体系和治理能力现代的总体目标、发展要求相比，依法治教、依法治校还存在若干问题，主要表现为：有的高校章程、规范未能全面反映客观规律和时代要求，针对性、可操作性不强，制度设计中部门化倾向、争权诿责现象较为突出；制度执行过程中不依法合

---

① 吴岩：《新时代高等教育面临新形势》，载于《光明日报》，2017年12月19日第13版。

② 《中国教育现代化2035》提出，推进教育现代化的总体目标是：到2020年，全面实现“十三五”发展目标，教育总体实力和国际影响力显著增强，劳动年龄人口平均受教育年限明显增加，教育现代化取得重要进展，为全面建成小康社会作出重要贡献。在此基础上，再经过15年努力，到2035年，总体实现教育现代化，迈入教育强国行列，推动我国成为学习大国、人力资源强国和人才强国，为到本世纪中叶建成富强民主文明和谐美丽的社会主义现代化强国奠定坚实基础。2035年主要发展目标是：建成服务全民终身学习的现代教育体系、普及有质量的学前教育、实现优质均衡的义务教育、全面普及高中阶段教育、职业教育服务能力显著提升、高等教育竞争力明显提升、残疾儿童少年享有适合的教育、形成全社会共同参与的教育治理新格局。

规、执行尺度不统一、违法违规不追究的现象仍然存在，规范执行适用不规范、不严格、不透明现象较为突出；部分高校师生尊法信法守法用法、依法维权意识不强，一些高校行政管理人员的法治意识、法治思维和依法办事能力有待进一步提高。这些问题违背依法治教、依法治校的原则，有损于高校治理体系和治理能力现代化，必须重点加以解决。

五、坚持从自身实际出发

坚持从自身实际出发是高校治理体系和治理能力现代化的出发点和落脚点。那么，如何坚持从自身实际出发?

首先，要坚持中国特色社会主义道路、理论体系、制度，这是高等教育现代化的根本遵循。正如习近平总书记指出的，社会主义初级阶段是当代中国的最大国情、最大实际，[①] 我们要牢牢把握社会主义初级阶段这个最大国情，牢牢立足社会主义初级阶段这个最大实际，更准确地把握我国社会主义初级阶段不断变化的特点，更好发展中国特色社会主义事业，更好推动人的全面发展、社会全面进步。高校的基本属性之一是政治属性，我国高校的政治属性决定了高校最大的实际就是在高校治理中坚持中国特色社会主义道路，构建、完善中国特色社会主义理论体系和相应的制度。

其次，高校尤其是城市型大学要找准自身定位、明确自身特色、形成差别优势、推动个性发展。《中国教育现代化 2035》明确了实现教育现代化的实施路径之一是总体规划、分区推进，即在国家教育现代化总体规划框架下，推动各地从实际出发，制定本地区教育现代化规划，形成一地一案、分区推进教育现代化的生动局面。

坚持从自身实际出发必须从高校自身基本情况出发，同教育现代化不断深化的时代要求相适应，总结和运用高校治理的成功经验，围绕高校治理体系和治理能力现代化的重大理论和实践问题，推进理论创新，形成符合自身实际、具有自身特色、体现高校发展普遍规律的治理理论，为高校治理体系

---

① 《习近平在十八届中共中央政治局第一次集体学习时的讲话》，共产党员网，http://news.12371.cn/2012/11/19/ARTI1353259493498557.shtml.

和治理能力现代化提供理论指导和学理支撑。

坚持从自身实际出发必须汲取中华传统文化精华，借鉴国外有益经验，但绝不照搬外国理念和模式。习近平同志在考察北京大学时强调，办好中国的世界一流大学，必须有中国特色。没有特色，跟在他人后面亦步亦趋，依样画葫芦，是不可能办成功的。我们要认真吸收世界上先进的办学治学经验，更要遵循教育规律，扎根中国大地办大学。①

在大学发展变迁的过程中，不同国家和地区的大学形成了各具特色的发展模式，如教学、科研和社会服务三者并立的美国大学模式，以柏林大学为代表的德国大学模式等。随着中国经济的迅速崛起和高等教育现代化的迅猛发展，“中国大学模式”日益受到海内外学者的广泛关注。目前，汲取中华传统文化精华，同时借鉴国外有益经验以形成中国大学模式渐成共识，比如露丝·海霍教授认为中国大学模式首先应该建立在对中国传统文化优秀遗产继承的基础上，中国大学不应该抛弃历史而单纯地对西方大学模式进行模仿。② 实际上，无论是美国模式、法国模式还是英国模式、德国模式，它们都是本国的经济、政治和文化环境的产物。正如曾任哈佛校长的查尔斯·艾略特所说：“一所名副其实的大学必须是发源于本土的种子，而不能在枝繁叶茂、发育成熟之际，从英格兰或德意志移植而来。……美国的大学在成立之初就不是外国体制的翻版……它在美国的社会和政治环境中自然缓慢地成长起来，并体现着受过良好教育的社会各阶层所共有的目标和雄心。”③

实际上，我国没有哪一所大学的建设是对外国理念和模式的照抄照搬。但是，在高等教育改革和发展的实践中，比起对“国际视野”的兴趣，对中国传统和中国实际的了解、尊重更为稀缺。有鉴于此，在高校治理体系和治理能力现代化的进程中，我们必须突出中国大学在思想、学术、文化、教育方面的主体性和独立思考，对中华传统文化应当全面、深入探寻，吸收其精华，对国外有益经验不仅关注经验本身，而且关注经验产生、演变的过程，

---

① 《青年要自觉践行社会主义核心价值观——习近平在北京大学师生座谈会上的讲话》，共产党员网，http://news.12371.cn/2014/05/05/ARTI1399236440433514.shtml.

② 王洪才：《对露丝·海霍“中国大学模式”命题的猜想与反驳》，载于《高等教育研究》，2010年第5期，第7页。

③ 甘阳、李猛：《中国大学改革之道》，上海人民出版社，2004年版，第260～261页。

既重视历史传承，又善于域外移植，将中华传统文化精华与国外有益经验有机协调，进而转化为高等教育现代化的积极因素，让中国大学模式从理论探讨层面落实到改革实践中去。

第五节　城市型大学治理体系与治理能力现代化的实现

城市型大学治理体系与治理能力现代化是一个系统工程，是高校治理领域的一场广泛而深刻的变革。大学治理体系现代化包括治理模式、治理结构、治理机制、治理制度的现代化，大学治理能力的现代化要求大学增强以下五种能力，即制度创新的能力、理顺多元主体间关系的能力、利益整合的能力、调动各方参与治理的能力、协商治理的能力。

如何推进这一系统工程，实现这一重大变革？对于具体的实施路径，我们认为，应当做到以下几点：其一，完善治理规范体系，推动规范全面实施；其二，健全高效实施体系，推进严格依法治校；其三，构建有力保障体系，增强全员治理意识；其四，打造严密监督体系，形成治理监督合力；其五，建设科学评价体系，发挥评价激励功能。

一、完善治理规范体系，推动规范全面实施

高校治理体系和治理能力现代化的第一要义是将法治作为高校治理的基本方式。法律是治国之重器，良法是善治之前提。推进高校治理体系和治理能力现代化，必须坚持建章立制先行，发挥法律法规、高校章程的规范的引领和推动作用，抓住提高建章立制的质量这个关键。要恪守高等教育现代化理念，贯彻社会主义核心价值观，使每一项规范都体现教育使命、符合时代要求、体现自身特色。要把公正、公平、公开原则贯穿建章立制的全过程，完善相关体制机制，坚持立改废释并举，增强法律法规、章程规范的及时性、系统性、针对性、有效性。

其一，健全法律法规、章程规范实施和监督制度。凸显大学章程在高校内部治理规范体系中的根本地位。大学章程是国家法律的具体化，是高校治

理各方主体意志的集中体现，是通过科学民主程序形成的根本规范。坚持依法治校首先要坚持依章程治校。高校治理必须以大学章程为根本的活动准则，政府、高校等一切治理主体负有维护大学章程尊严、保证大学章程实施的职责。一切违反大学章程的行为都必须予以追究和纠正。在这一前提下，必须完善大学章程实施的监督制度，健全相关解释程序机制，把高校治理的相关规范性文件纳入审查范围，及时撤销和纠正违背大学章程的规范性文件。

其二，完善大学制定规范的体制机制。加强党委对建章立制工作的领导，完善党委对规范制定工作中根本性、方向性、全局性等重大问题决策的程序。建立健全政府、高校等行政部门主导建章立制的体制机制，发挥政府法制机构、高校法务部门在建章立制工作中的主导作用。建立由政府法制机构、高校法务部门组织有关主体参与起草综合性、全局性、基础性等重要治理规范的相关制度，建立健全法治专家顾问制度。在规范制定过程中，对部门间争议较大的重要事项，由决策机关引入第三方评估，充分听取各方意见，协调决定，不能久拖不决。加强治理规范的解释工作，及时明确治理规范的含义和适用依据，避免因为规范解释问题造成执行过程中的相互扯皮、推诿塞责等现象。

其三，提高规范制定的科学性、民主性。加强对规范制定的组织协调，健全治理规范的起草、论证、协调、审议机制，健全向治理各方主体征询意见的机制，探索建立院系联系点，推进规范制定的精细化。规范起草应当征求行政部门、教师、学生、相关社会各方的意见，完善规范制定的项目征集和论证制度。健全行政部门主导、各方有序参与的途径和方式。健全多元主体沟通、协商机制，充分发挥政协委员、民主党派、无党派人士、学生社团、社会组织在规范制定中的作用，探索建立涉及国家机关、社会团体、专家学者等的重大利益调整论证咨询机制，通过定期组织座谈会等形式，听取各方对培养方案、教学内容、教师授课、就业指导、后勤服务等方面的意见和建议。健全规范草案公开征求意见和公众意见采纳情况反馈机制，广泛凝聚多元主体共识。

其四，加强重点领域的规范制定。依法合规保障多元主体的权利，健全教职工、学生等多元主体权利保障的制度化、规范化、程序化，健全权利救济渠道和方式。在校内资源配置中更好地发挥行政管理部门的作用，通过建章立制促进校内资源公正、公平、公开地分配和使用。完善教职工代表大会制度，推进大学治理的民主法治化。加强大学治理协商民主制度建设，推进协商民主广泛多层制度化发展，构建程序合理、环节完整的协商民主体系，依法推进各种群团组织实行自我管理、自我服务、自我教育、自我监督。实现规范制定和高等教育改革决策相衔接，做到重大改革于法有据，规范制定主动适应高等教育改革和高校发展需要。实践证明行之有效的，要及时上升为规范。实践条件还不成熟、需要先行先试的，要依法合规获得授权。对不适应改革要求和发展形势的规范，要及时修改和废止。

二、健全高效实施体系，推进严格依法治校

法律的生命力在于实施，法律的权威也在于实施。同理，高校治理过程中，规范的生命力和权威也在于实施。因此，行政管理主体必须坚持在党的领导下、在法治轨道上开展工作，建立权责统一、权威高效的依法治校体制，加快建设职能科学、权责法定、执行严明、公开公正、廉洁高效、守法诚信的法治校园。

其一，依法全面履行行政管理职能。完善行政管理的组织和程序相关制度建设，推进机构、职能、权限、程序、责任制度化、规范化、程序化。行政管理主体要主动、及时地履行职责，要勇于负责、敢于担当，坚决纠正不作为、乱作为，坚决克服敷衍塞责、互相推诿等懒政、怠政现象。推进各级行政部门事权规范化、制度化，合理配置行政管理权力，明确政府部门统筹协调的职能，赋予校级部门宏观管理、设定职责和必要的执行权，强化院系行政部门的执行职责。

其二，健全依法合规决策机制。把各方参与、专家论证、风险评估、合规审查、集体讨论决定确定为重大治理决策程序，确保决策制度科学、程序正当、过程公开、责任明确。建立高校内部重大决策合规审查机制，未经合规审查或经审查不合规的，不得提交讨论。积极推行法律顾问制度，完善高校法务机构设置，吸收政府法制机构人员、专家和律师参加的法律顾问队伍，保证法律顾问在制定重大决策、推进依法治校中发挥积极作用。

其三，全面推进行政事务公开。坚持以公开为常态、不公开为例外原则，推进决策公开、执行公开、管理公开、服务公开、结果公开。院校两级行政管理部门依法合规全面公开部门职能、法律依据、实施主体、职责权限、管理流程、监督方式等事项，重点推进教职工、学生关心的重大信息的公开，涉及教职工、学生权利和义务的规范性文件，按照信息公开要求和程序予以公布。推进行政事务公开信息化，加强校院两级行政事务信息数据服务平台和校园服务平台建设。

三、构建有力保障体系，增强全员治理意识

其一，推动全员树立法治意识。坚持把校园普法和守法作为大学治理的长期基础性工作，深入开展依法治教、依法治校宣传教育。坚持把学校领导，教职工、学生干部带头学法、模范守法作为树立法治意识的关键。健全宣传教育机制，校院两级党委和行政部门要加强对宣传教育工作的领导，充分发挥法学院系、学生社团在宣传教育中的作用，加强普法志愿者队伍建设。开展法治文化活动，加强新媒体新技术在宣传教育中的运用，提升普法实效。加强高校道德建设，弘扬中华优秀传统文化，增强依法治校、依法治教的道德底蕴，强化规则意识，倡导契约精神，弘扬公序良俗。

其二，推进多层次多领域依法治理。加强和创新大学治理，完善党委领导、行政负责、民主协商、各方协同、法治保障、科技支撑的大学治理体系，建设人人有责、人人尽责、人人享有的大学治理共同体。健全法治、德治、自治相结合的大学治理体系，构建大学治理新格局。深入开展多层次多形式治理创建活动，支持学术团体、学生社团等多元主体自我约束、自我管理，发挥大学章程、社团规范等各种治理规范在大学治理中的积极作用。健全充满活力的自治制度，健全党组织领导的教师、学生自治机制，完善以教职工代表大会、学生代表座谈会为基本形式的民主管理制度，探索多元治理主体参与大学治理的有效方式，保障多元主体的知情权、参与权、表达权、监督权。

四、打造严密监督体系，形成治理监督合力

对规范实施的监督是高校治理体系和治理能力现代化的重要组成部分，打造严密监督体系，形成治理监督合力是大学治理的一个主要环节，这是大学自我净化、自我完善、自我革新、自我提高的重要制度保障，必须在党委统一领导下建立健全全面覆盖、权威高效的监督体系。

打造严密监督体系，形成治理监督合力必须建立健全监督体制机制。以党内监督为主导，推动纪律监督、监察监督、派驻监督、巡视监督有机贯通，健全民主监督、行政监督、群众监督、舆论监督、学生监督相互协调，发挥审计监督、统计监督职能作用，完善巡视巡察整改，督查落实报告制度，推进监督监察工作规范化、制度化。充分发挥社会监督作用，加快建立社会监督和评价机制，吸收多元主体参与教育质量评估，把社会监督、公众评价作为衡量高校办学质量的一项重要指标。推进监督信息化建设，加强监督信息共享，提高监督效率和规范化水平，将监督结果按照信息公开要求和程序予以公布。

五、建设科学评价体系，发挥评价激励功能

2020 年 10 月，中共中央、国务院印发的《深化新时代教育评价改革总体方案》（以下简称《方案》）指出，教育评价事关教育发展方向，有什么样的评价指挥棒，就有什么样的办学导向。为此，大学应当深入贯彻落实习近平总书记关于教育的重要论述和全国教育大会精神，完善立德树人体制机制，扭转不科学的教育评价导向，坚决克服唯分数、唯升学、唯文凭、唯论文、“唯帽子”的顽瘴痼疾，提高教育治理能力和水平，加快推进教育现代化、建设教育强国、办好人民满意的教育。

如何建设科学评价体系？我们认为，应当做到以下几点：

其一，改革学校评价。《方案》提出，改革学校评价，推进落实立德树人根本任务。对学校的评价应当坚持把立德树人成效作为根本标准。在大学评价标准中突出政治思想工作这一生命线，将落实党的全面领导、坚持正确

办学方向、加强和改进学校党的建设以及党建带团建队建、做好思想政治工作和意识形态工作、依法治校办学、维护安全稳定作为评价学校及其领导人员、管理人员的重要内容。

其二，改革教师评价。《方案》提出，改革教师评价，推进践行教书育人使命。大学应当坚持把师德师风作为教师评价的第一标准，坚决克服重科研轻教学、重教书轻育人等现象，把师德表现作为教师资格定期注册、业绩考核、职称评聘、评优奖励的首要要求。突出教育教学实绩，把认真履行教育教学职责作为评价教师的基本要求，绩效工资向教学一线和教育教学效果突出的教师倾斜，把参与教研活动，编写教材、案例，指导学生毕业设计、就业、创新创业、社会实践、社团活动、竞赛展演等计入工作量。强化一线学生工作，明确领导干部和教师参与学生工作的具体要求，高校领导班子成员年度述职要把上思政课、联系学生情况作为重要内容。改进高校教师科研评价，突出质量导向，重点评价学术贡献、社会贡献以及支撑人才培养情况，不得将论文数、项目数、课题经费等科研量化指标与绩效工资分配、奖励挂钩。推进人才称号回归学术性、荣誉性，切实精简人才“帽子”，优化整合各类人才计划。

其三，改革学生评价。《方案》提出，改革学生评价，促进德智体美劳全面发展。树立科学成才观念。坚持以德为先、能力为重、全面发展，坚决改变用分数给学生贴标签的做法。完善德育评价，科学设计各级各类教育德育目标要求，通过信息化等手段，探索学生、家长、教师以及社区等参与评价的有效方式。严格学业标准，严把出口关，完善博士、硕士学位论文检测工作，严肃处理各类学术不端行为。完善实习实训考核办法，确保学生足额、真实参加实习实训。

其四，升级评价体系。《方案》提出，构建政府、学校、社会等多元参与的评价体系，建立健全教育督导部门统一负责的教育评估监测机制，发挥专业机构和社会组织作用。为此，应当创新评价工具，利用现代信息技术，探索开展学习情况全过程纵向评价、德智体美劳全要素横向评价。探索设立教育评价、教育测量等相关学科专业，培养教育评价专门人才。